JENN

Drôles
de couples

47 coups de foudre dans le monde animal

Traduit de l'anglais (États-Unis) par
Marie Boudewyn

JC Lattès

Titre de l'édition originale

UNLIKELY FRIENDSHIPS : 47 REMARKABLE STORIES FROM THE ANIMAL KINGDOM

publiée par Workman Publishing, New York

www.editions-jclattes.fr

Maquette de couverture et mise en page intérieure : Bleu T
d'après le design de Raquel Jaramillo pour Workman Publishing.

ISBN : 978-2-7096-4244-6

Copyright © 2011 by Jennifer S. Holland
Tous droits réservés.
© 2012, éditions Jean-Claude Lattès pour la traduction française.
Traduction publiée avec l'accord de Workman Publishing Company, New York.
Première édition septembre 2012.

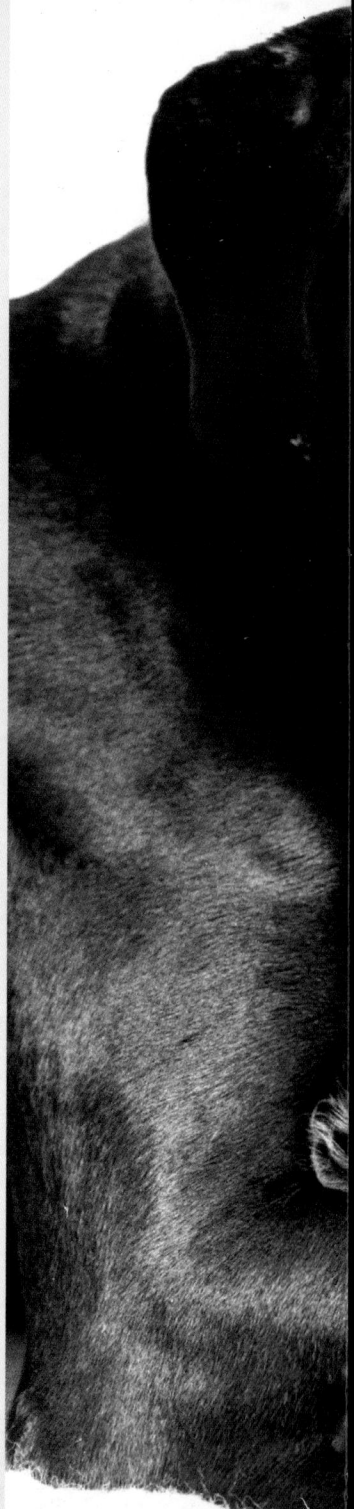

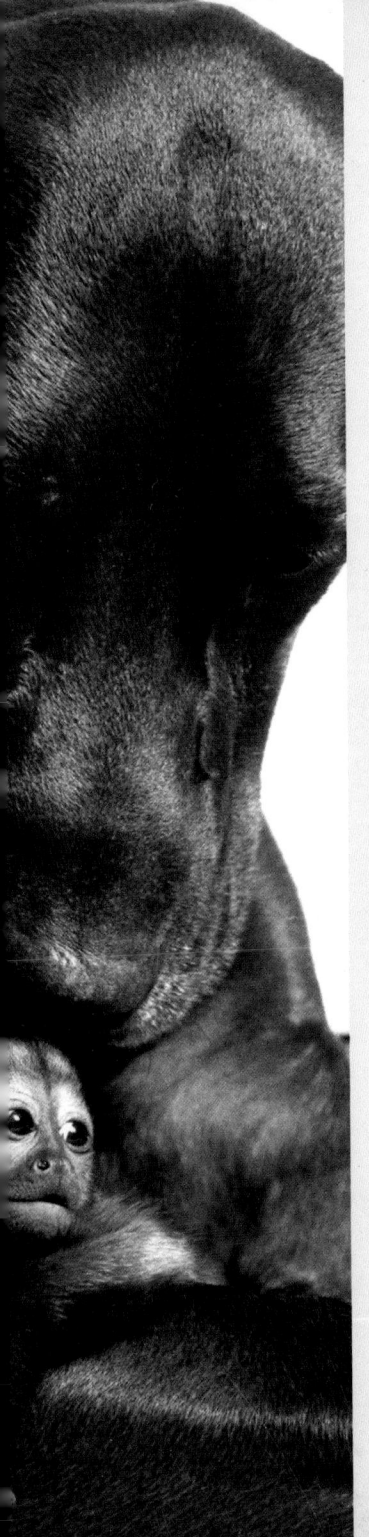

À Kate, Will, Elliott et Jasper
Et à Maman, bien sûr

De même, si deux couchent ensemble,
ils se réchauffent ;
mais un homme seul,
comment aurait-il chaud !

Ecclésiaste, 4 : 11.

Table des matières

Introduction	7
L'éléphant d'Afrique et le mouton	13
L'ours noir d'Asie et le chat noir	19
Le bébé lynx roux et le faon	23
Le chien et le chat sans queues	27
Les guépards et les bergers d'Anatolie	31
Le cacatoès et le chat	35
Le teckel et le porcelet	39
Le plongeur et la raie manta	43
L'âne et le bâtard	47
La sarcelle et le martin-chasseur géant	51
L'éléphant et le chien errant	55
Les furets et les molosses	59
Le golden retriever et la carpe koï	63
Le gorille et le chaton	67
L'hippopotame et la chèvre pygmée	73
L'iguane et les chats	77
Le léopard et la vache	81
Le lionceau et les lynx du désert	85
Le lion, le tigre et l'ours	89
La lionne et le bébé oryx d'Afrique de l'Est	95
Le macaque et la tourterelle	99

Le macaque et le chaton	103
La jument et le faon	109
Les singes écureuils et les capybaras	113
Le mouflon et l'éland	117
La biche myope et le caniche	121
L'orang-outang et le chaton	125
Les bébés orangs-outangs et les petits tigres	129
Le grand-duc d'Amérique et l'épagneul	135
Le hibou et le lévrier anglais	139
L'épagneul papillon et l'écureuil	143
Le photographe et le léopard de mer	147
Le pitbull, le siamois et les poussins	151
Le cochonnet vietnamien et le rhodesian ridgeback	157
Le lapin et le cochon d'Inde	163
Le rat et le chat	167
Les pandas roux et la chienne qui venait de mettre bas	171
Le rhinocéros, le phacochère et la hyène	175
Le rottweiler et le louveteau	181
Les dauphins et le chien qui aimait la mer	187
Le chat d'aveugle et le chien qui n'y voyait goutte	191
Le chien de traîneau et l'ours polaire	195
La couleuvre et le hamster	199
La tortue et l'hippopotame	203
Le rhinocéros blanc et le bouc	207
Le zèbre et la gazelle	211
Postface	214
Bibliographie	220
Remerciements	223

Un bébé lion et un bouledogue se partagent à boire au zoo de Twycross.

Introduction

Enfant, mon mari John a eu pour meilleur ami un raton laveur ; une minuscule boule de fourrure qu'un chat errant déposa un beau jour dans la botte d'un voisin. John, alors âgé de dix ans, prit soin de lui. Il l'abritait au creux de sa main, lui versait du lait dans la bouche à l'aide d'un compte-gouttes et, la nuit, le plaçait sur une couverture, dans une boîte, près d'un réveil dont le tic-tac rappelait à l'animal, baptisé Bandit, les battements du cœur de sa mère. En grandissant, Bandit prit l'habitude d'accompagner John partout — sur le chemin de l'école, à table le soir, et même sous la douche. Bandit se juchait sur l'épaule de John et s'accrochait à son col de chemise, le museau dans le vent, tandis qu'ils filaient à vélo. Le raton laveur dormait en boule sur l'oreiller de John et lui marmottait ses rêves d'animaux au creux de l'oreille. Aucun autre mot qu'« amitié » ne décrit mieux le lien qui les unissait.

Il n'y a rien d'exceptionnel à ce que des êtres humains s'attachent à des animaux. Plus de la moitié des foyers aux États-Unis possèdent des animaux de compagnie, auxquels ils consacrent chaque année plus de quarante milliards de dollars. Des études prouvent que le contact avec des animaux est en mesure de faire baisser la tension et de soulager la dépression et la souffrance, aussi bien physique que mentale, liée au vieillissement — or il ne s'agit là que de quelques exemples parmi tant d'autres de la capacité de nos amies les bêtes à enrichir notre vie.

Les rapprochements entre espèces — chien et âne, chat et oiseau, éléphant et mouton — surprennent plus, vu qu'ils demeurent plus rares qu'entre l'homme et le reste du règne animal. Le phénomène s'observe plus fréquemment chez les animaux en captivité, entre autres parce qu'on les prend plus souvent sur le fait. Mais aussi, affirme la biologiste spécialiste des primates, Barbara King de l'université du Michigan, parce que dans de telles conditions, les animaux, n'ayant plus à lutter pour assouvir leurs besoins, baissent la garde et investissent ailleurs leur énergie émotionnelle. Bien sûr, il existe aussi des cas d'associations entre espèces à l'état sauvage. « Le plus important, résume King, c'est que les animaux ont la capacité d'établir des liens entre eux, quelles que soient les circonstances. »

Tous les scientifiques ne qualifient pas sans scrupules d'amitié les relations entre animaux qui se nourrissent ou se protègent mutuellement. Pendant longtemps, « il a été de bon ton de décrire les animaux comme des machines ; ceux qui étudiaient leur comportement se devaient d'utiliser une terminologie dépourvue de connotations humaines », écrit le primatologue Frans de Waal dans *L'Âge de l'empathie*. Des biologistes convaincus que « les anecdotes anthropomorphiques ne relèvent pas du domaine de la science » ont d'ailleurs critiqué de Waal, parce qu'il attribuait des traits de caractère humains à des animaux.

Même les plus enclins à employer des concepts humains à propos d'animaux reconnaissent que nous ne savons pas si — ni à quel point — ceux-ci ont conscience de leur attitude « amicale ». Les comportementalistes estiment quant à eux que prétendre le contraire reviendrait à pécher par excès inverse.

Introduction

La célèbre primatologue Jane Goodall, qui n'hésite pas à qualifier d'amitié sa propre relation avec des chimpanzés à l'état sauvage, a récemment déclaré au *National Geographic* : « On ne peut pas partager la vie d'animaux sans remarquer que chacun d'eux a sa propre personnalité. Leurs facultés et leurs émotions s'apparentent-elles aux nôtres ? Sans conteste. »

Selon le biologiste évolutionniste Marc Bekoff, de l'université du Colorado, qui a beaucoup écrit sur l'aptitude des animaux à percevoir des émotions : « La continuité de l'évolution — un concept hérité de Charles Darwin — invite à penser qu'il existe des différences de degré, plus que de nature, entre les humains et le reste du vivant. La remarque vaut également en ce qui concerne les émotions. Nous avons en commun avec les animaux le système limbique, dans lequel s'enracinent les émotions. Puisqu'il nous arrive de ressentir de la joie ou de la peine, il n'y a pas de raison qu'eux-mêmes n'en éprouvent pas. Il ne s'agit pas du même type de joie ou de peine, mais la distinction s'apparente à un camaïeu de gris ; pas à une opposition tranchée, entre noir et blanc. » Prendre soin d'un tiers nous fait du bien, souligne Bekoff. Pourquoi n'en irait-il pas de même chez d'autres espèces ?

Se faire du bien, tel est l'objectif des protagonistes de ce livre. Les récits qui y figurent ne livrent qu'un petit échantillon des alliances inattendues entre animaux, relevées de par le monde. Les chiens y occupent une place de choix, ce qui n'étonnera personne : l'un d'eux a joué auprès d'un écureuil le rôle d'une maman, un autre s'est baladé avec des poussins sur le dos, un troisième est devenu copain avec un éléphant, pour ne citer que quelques exemples. Soucieuse d'illustrer l'ampleur du phénomène, j'ai toutefois pioché mes anecdotes parmi une grande variété d'espèces. J'ai souvent employé le terme d'amitié, sachant qu'il est impossible d'élucider les liens que tissent entre elles nos amies les bêtes, bien qu'il y ait fort à parier que leur expérience s'apparente à la nôtre. À mon sens, l'amitié consiste à chercher auprès d'un tiers du réconfort ou une compagnie, qui rendra la vie plus douce. Même si l'amitié ne dure qu'un temps, elle embellit le quotidien. Dans l'ensemble des récits réunis ici, les animaux qui se sont rapprochés les uns des autres n'ont eu qu'à s'en féliciter — ils ont gagné en assurance et en force physique, et leur moral a connu une embellie.

Au cours de mes recherches, j'ai eu vent d'extraordinaires rapprochements entre l'homme et d'autres espèces. Ils feront l'objet d'un livre à part, ce qui ne m'a pas empêchée d'inclure dans celui-ci quelques-unes de mes histoires préférées.

Pourquoi deux créatures dissemblables s'associent-elles ? À en croire les biologistes, la plupart du temps, l'une des deux au moins en retire un bénéfice évident ; qu'il s'agisse de repérer un prédateur, de se prémunir de parasites, de maintenir constante la température de l'organisme ou de se procurer de la nourriture. Les scientifiques accolent à de telles relations l'étiquette de commensalisme ou mutualisme. Le livre que voici s'intéresse à des cas un peu moins évidents. Dans certains, un animal assume envers un autre, sans doute par instinct, un rôle parental ou protecteur. D'autres ne s'expliquent pas sans peine. Peut-être le besoin d'un ami ne se fait-il pas seulement ressentir chez l'homme ?

Ce qui est bel et bien propre à l'homme, c'est la propension à fondre en voyant un grand singe serrer contre lui un chaton, ou un chiot se blottir contre un

Introduction

L'auteur copine avec un mérou patate en Australie.

cochon. Nous sommes programmés pour nous attendrir devant tout ce qui est doux et câlin (ce qui explique que l'on supporte de si bon cœur les contraintes liées à l'éducation d'un nourrisson). Barbara King estime qu'une telle fascination prend sa source au plus profond de notre être : « Je reste convaincue que nous ne sommes pas seulement avides de scènes à croquer — mais de témoignages de compassion et de partage sincères, qui nous aident à nous recentrer sur ce qu'il y a de meilleur en nous. »

AFRIQUE DU SUD

L'éléphant d'Afrique et le mouton

À six mois à peine, Themba l'éléphant perdit sa mère, tombée d'une falaise, alors qu'elle se déplaçait avec leur troupe, dans une réserve naturelle d'Afrique du Sud. Les vétérinaires qui examinèrent l'orphelin, à un stade critique de la relation mère/fils, espéraient le voir adopté par une autre femelle. Ce ne fut pas le cas. Ils se résolurent donc à trouver un parent de substitution à Themba, en dehors de la famille des éléphants.

Le personnel du centre de réhabilitation Shamwari des animaux sauvages, au Cap-Oriental, avait déjà confié avec succès un rhinocéros orphelin aux bons soins d'un mouton. Dans l'idée de renouveler l'exploit, Themba fut accueilli

Éléphant d'Afrique
Règne : Animalia
Embranchement : Chordata
Classe : Mammalia
Ordre : Proboscidae
Famille : Elephantidae
Genre : Loxodonta
Espèce : Africana

au centre de réhabilitation, où le rejoignit Albert, un mouton domestiqué, qui vivait jusque-là dans une ferme des environs.

Pourquoi un mouton ? À première vue, l'animal ne paraît pas très futé. En réalité, son intelligence est pourtant à peine inférieure à celle du cochon — pas bête du tout, pour le coup. Le mouton est en effet capable d'associer des expressions faciales à des émotions et d'identifier des individus, si bien qu'il réagit en apercevant une tête connue — d'homme ou de représentant d'une autre espèce. Il n'est donc pas surprenant qu'un mouton se lie à d'autres animaux — en particulier à des éléphants ; des mammifères intelligents et expressifs, qui tissent entre eux des liens étroits de dépendance.

La tentative de rapprochement commença toutefois sous de fâcheux auspices. Sitôt Albert présenté à Themba, celui-ci le pourchassa autour de son abreuvoir, en agitant les oreilles et la queue, afin de paraître le plus menaçant possible. Albert prit la fuite, comme l'y poussait son instinct de mouton, et demeura caché, plusieurs heures. À l'issue de trois jours de méfiance et de contacts hésitants, le mouton et l'éléphant s'acceptèrent enfin — et comment ! Cela valait donc la peine de persister, en dépit des difficultés initiales.

« Je me rappelle encore le jour où Albert a arraché les premières feuilles d'un arbre dont se nourrissait Themba, raconte le Dr Johan Joubert, directeur du centre. Leur attachement nous a paru évident, à partir du moment où ils ont

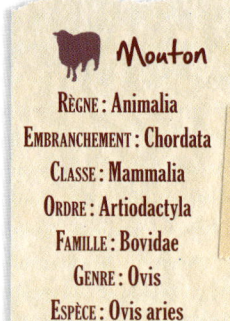

Mouton
Règne : Animalia
Embranchement : Chordata
Classe : Mammalia
Ordre : Artiodactyla
Famille : Bovidae
Genre : Ovis
Espèce : Ovis aries

L'éléphant d'Afrique et le mouton

pris l'habitude de dormir, blottis l'un auprès de l'autre. J'avoue quand même que nous craignions que Themba n'écrase Albert par mégarde, en s'allongeant sur lui ! »

Une fois que le courant eut passé entre eux, l'éléphant et le mouton devinrent inséparables, se reposant et ne gambadant plus qu'ensemble. Themba posait sa trompe sur le dos laineux d'Albert, lorsqu'ils exploraient leur enclos ou cherchaient de quoi grignoter. Bien que les gardiens s'attendissent à voir Themba imiter Albert, son aîné, ce fut le mouton qui prit modèle sur l'éléphant, au

point de se nourrir du mets favori de Themba, des feuilles d'acacia, qui n'entrent pourtant pas dans le régime habituel des ovins.

Johan Joubert et son équipe comptaient à l'origine réintroduire Themba auprès de sa famille, dans la réserve où il avait vu le jour. Mais lors des préparatifs à sa remise en liberté, des vétérinaires lui diagnostiquèrent une occlusion intestinale. Ils ne réussirent pas à le sauver. Themba ne vécut que deux ans et demi, alors que la longévité d'un éléphant peut atteindre soixante-six ans.

Le personnel du centre en eut le cœur brisé. Heureusement pour Albert, il noua par la suite d'autres amitiés avec les bébés zèbres et les gnous de la réserve.

ALLEMAGNE

L'ours noir d'Asie et le chat noir

À première vue, ces deux mammifères à la fourrure noire luisante et aux oreilles dressées partagent un petit air de famille. Le chat domestique au pelage lisse et l'ours d'Asie hirsute n'ont pourtant pas énormément d'ADN en commun. Les chiens sont plus proches des ours que les chats. Ce ne sont donc pas les liens du sang qui ont attiré Muschi le chat vers Mausschen l'ours. Alors quoi ?

Personne, au zoo de Berlin, où Mausschen vit depuis plus de quarante ans, ne sait d'où vient Muschi. « Nous l'avons remarqué en 2000, quand il a élu domicile dans l'enclos des ours noirs. Il s'était pris d'affection pour la vieille ourse, explique Heiner Klös, responsable du zoo. Ce type de relation entre

deux carnivores non apparentés reste assez inhabituel. Les visiteurs prennent d'ailleurs plaisir à les observer. »

Chat

RÈGNE : Animalia
EMBRANCHEMENT : Chordata
CLASSE : Mammalia
ORDRE : Carnivora
FAMILLE : Felidae
GENRE : Felis
ESPÈCE : Felis catus

Mausschen, la plus âgée des ourses d'Asie connue, appartient à une espèce de taille moyenne, vivant en forêt, dont l'habitat naturel englobe certaines régions d'Afghanistan, l'Himalaya, l'Asie continentale du Sud-Est, l'Extrême-Orient russe et le Japon. Elle a toujours vécu en captivité. Elle passe la plupart de ses journées vautrée sur un lit de foin auprès de Muschi, quand elle ne se prélasse pas avec lui au soleil. Ils se partagent leurs repas à base de viande crue, de souris mortes et de fruits. Quand il a fallu rénover l'emplacement réservé à l'ourse, le chat, séparé de son amie

L'ours noir d'Asie et le chat noir

et visiblement perturbé, s'est mis à guetter son retour, aux alentours. Le personnel du zoo, voyant à quel point les deux animaux se plaisaient ensemble, a encouragé leurs retrouvailles.

Muschi est libre d'aller et venir à sa guise dans l'enceinte du zoo, « mais il revient toujours auprès de la vieille ourse », affirme Klös. Leur relation hors du commun dure depuis une dizaine d'années et rien ne laisse envisager une séparation.

Ours noir d'Asie

RÈGNE : Animalia
EMBRANCHEMENT : Chordata
CLASSE : Mammalia
ORDRE : Carnivora
FAMILLE : Ursidae
GENRE : Ursis
ESPÈCE : Ursus thibetanus

CALIFORNIE, ÉTATS-UNIS

Le bébé lynx roux et le faon

Le feu n'est pas l'ami de la faune sauvage. Rien qu'en Californie, on recense chaque mois en moyenne une cinquantaine d'incendies, qui détruisent des centaines d'hectares de milieux naturels, en obligeant à se déplacer des milliers d'animaux. Beaucoup périssent dans les flammes ou, une fois le foyer éteint, des suites du traumatisme, voire de déshydratation.

Certains ont toutefois la chance d'être secourus.

Ce fut le cas d'un jeune faon et d'un bébé lynx roux, lors d'un grave incendie près de Santa Barbara, en 2009, au mois de mai, la saison où de nombreux animaux mettent bas. Les forêts de Californie grouillaient alors de

Cerf mulet de Californie

RÈGNE : Animalia
EMBRANCHEMENT : Chordata
CLASSE : Mammalia
ORDRE : Artiodactyla
FAMILLE : Cervidae
GENRE : Odocoileus
ESPÈCE : Odocoileus hemionus californicus

nouveaux-nés encore mal assurés sur leurs pattes. La destruction par le feu d'immenses terrains sauvages, les premiers mois de l'année, avait accru la vulnérabilité des rares survivants. L'équipe de secours aux animaux de Santa Barbara repéra un cerf particulièrement jeune, affaibli, qui errait dans la zone du départ de l'incendie, en gémissant, livré à lui-même.

En raison du nombre d'orphelins à sauver, la place vint rapidement à manquer dans les centres de protection de la faune. Le bureau du shérif proposa d'héberger provisoirement des animaux dans ses locaux.

« Nous venions de sauver un bébé lynx roux dans la propriété du gouverneur, raconte Julia Di Seno, responsable de l'équipe. Il nécessitait une surveillance constante, jour et nuit. Nous n'étions pas certains qu'il survivrait. » À l'arrivée du faon, le manque de place contraignit Di Seno à placer celui-ci auprès du lynx. Or c'était précisément ce qu'il fallait à l'un comme à l'autre.

« Dès que nous avons amené le faon auprès du lynx, il s'est blotti auprès de lui et s'est assoupi. Épuisés et très affaiblis tous les deux, ils se sont pelotonnés l'un contre l'autre. » Ils ne passèrent au final que quelques heures ensemble, avant que les sauveteurs ne trouvent de la place ailleurs pour le faon, « mais ces moments-là ont beaucoup compté. Ils se sont apporté de la chaleur, du réconfort, en atténuant peut-être même leurs craintes et leur solitude. Ils ont créé entre eux un lien tellement émouvant. »

Lynx roux

RÈGNE : Animalia
EMBRANCHEMENT : Chordata
CLASSE : Mammalia
ORDRE : Carnivora
FAMILLE : Felidae
GENRE : Lynx
ESPÈCE : Lynx Rufus

Le bébé lynx roux et le faon

L'équipe de sauveteurs qui, à cette occasion, se porta au secours de toutes sortes d'animaux sauvages et domestiques, s'occupe d'ordinaire de canards aussi bien que de renards, avant de les relâcher dans des zones où leur habitat demeure préservé. Après son repos bien mérité auprès de son ami le lynx, le faon retrouva ses congénères, auprès desquels il grandit. Quelques mois plus tard, à l'orée de sa deuxième année, la troupe de cerfs retourna vivre en pleine nature.

« Ce qui est amusant, c'est qu'un faon constitue en principe un mets de choix pour un lynx — du moins, un lynx adulte », précise Di Seno. Le lynx roux, toujours en captivité pour l'instant, est devenu un redoutable chasseur. Traumatisés par l'incendie, les deux ennemis héréditaires ont puisé de la force au contact l'un de l'autre. « Je suis sûre que leur rapprochement, à un moment critique de leur vie, leur a remonté le moral », conclut Di Seno.

LOUISIANE, ÉTATS-UNIS

Le chien et le chat sans queues

Lorsque l'ouragan Katrina s'abattit sur La Nouvelle-Orléans, en août 2005, des milliers de personnes durent se réfugier précipitamment à l'abri des inondations, sans leurs animaux domestiques. La plupart leur laissèrent un ou deux jours de nourriture, persuadés qu'ils reviendraient bientôt s'occuper de leur compagnon à quatre pattes, mais bien peu regagnèrent en fin de compte leur domicile. Au moins deux cent cinquante mille bêtes se retrouvèrent alors livrées à elles-mêmes.

Bon nombre moururent. D'autres envahirent les rues, en se fiant à leurs instincts les plus primaires pour survivre. Certains rejoignirent des meutes

Chien

Règne : Animalia
Embranchement : Chordata
Classe : Mammalia
Ordre : Carnivora
Famille : Canidae
Genre : Canis
Espèce : Canis lupus familiaris

en quête de protection. Les deux animaux dont il est ici question se fournirent quant à eux un soutien mutuel.

Le chien, ou plutôt la chienne, n'avait pas de queue. Le chat, un mâle, non plus. Quelques maillons d'une chaîne pendaient au cou de la chienne. Le chat l'avait suivie à leur cliquetis. Il est probable qu'ils aient sillonné ainsi la ville, des semaines durant. Nul ne sait s'ils vivaient ensemble avant la tempête. Quand un ouvrier du bâtiment les aperçut, ils étaient en tout cas devenus inséparables. La chienne protégeait son ami le félin, en montrant les crocs dès que quelqu'un s'approchait un peu trop de lui.

Des sauveteurs du refuge pour animaux *Nos meilleurs amis* les baptisèrent Bobbi et Bob le Chat, à cause de leurs queues — leur *bobbed tails*, en anglais —, et les conduisirent provisoirement à Metairie, une banlieue de La Nouvelle-Orléans.

« En principe, nous hébergeons les chats séparément des chiens, explique Barbara Williamson, responsable des relations publiques du refuge, qui s'occupa entre autres des deux animaux après leur capture. Mais Bobbi n'a rien voulu savoir. Or, quand elle aboie, elle vous déchire les tympans. Tant qu'elle est restée séparée du chat, elle a fait du raffut. » Les volontaires finirent par aménager une cage de fortune à l'intérieur d'une autre, plus grande, afin que les deux animaux bénéficient de la compagnie l'un de l'autre, sans risque de se blesser. « Tant que Bobby se trouvait à proximité du chat, elle se tenait tranquille », raconte Barbara.

La relation entre les deux animaux apparaît d'autant plus touchante que Bob le chat était aveugle, probablement de naissance. Bobbi l'avait guidé, en assurant sa sécurité. « Le handicap du chat se devinait aux réactions de la chienne à ses mouvements. Elle lui aboyait dessus, comme pour lui indiquer quand se mettre en route et quand s'arrêter. Parfois, aussi, elle lui donnait un coup de hanche, afin de le guider du bon côté. Il fallait le voir pour le croire. » En dépit de sa cécité, Bob le chat, « très sûr de lui, avait un certain air de majesté, estime Barbara, alors que Bobbi faisait un peu penser à un ado dégingandé — un contraste irrésistible ».

Les médias eurent bientôt vent du tandem formé par la chienne et le chat. Le personnel du refuge trouva la personne qu'il fallait pour prendre soin d'eux. Hélas, peu après leur adoption, Bob le chat contracta une maladie qui lui coûta la vie. Le nouveau propriétaire du chien estima que le meilleur moyen de le consoler consistait à adopter un autre chat. Comme par hasard, il en trouva un sans queue, pour lequel Bobbi se prit tout de suite d'affection.

« À mon sens, l'exemple de Bobbi et Bob le chat illustre la force des sentiments que sont capables d'éprouver nos amies les bêtes », conclut Barbara.

> D'après l'équivalent américain de la SPA, 6 à 8 millions de chiens et de chats errants se retrouvent chaque année dans des refuges. À peu près la moitié se font piquer.

Heureusement, les animaux sont également en mesure de s'attacher aux hommes. Aucune opération de sauvetage d'animaux domestiques, à l'issue d'une catastrophe naturelle, n'a sans doute atteint l'ampleur de celle qui suivit le passage de Katrina. Des volontaires et des organisations de secours se démenèrent alors inlassablement pour trouver de nouveaux foyers à des milliers d'animaux.

CALIFORNIE, ÉTATS-UNIS

Les guépards et les bergers d'Anatolie

En Namibie, où éleveurs et cultivateurs ne tirent qu'à grand-peine leur subsistance de terres sableuses brûlées par le soleil, le guépard n'est pas l'ami de l'homme. Les félins sauvages sont particulièrement tentés de se repaître du bétail en période de sécheresse, lorsque les proies se font rares dans la savane. Or, quand ils s'en prennent aux troupeaux des fermiers, ceux-ci les abattent le plus souvent, afin de préserver leur cheptel.

Le fonds de protection des guépards a conçu une solution ingénieuse au problème : fournir aux fermiers des chiens gardiens de troupeaux — des bergers d'Anatolie, une race qui a vu le jour dans le centre de la Turquie, il

Guépard
RÈGNE : Animalia
EMBRANCHEMENT : Chordata
CLASSE : Mammalia
ORDRE : Carnivora
FAMILLE : Felidae
GENRE : Acinonyx
ESPÈCE : Acinonyx jubatus

y a des milliers d'années. Ces grands chiens fidèles n'ont aucune peine à maintenir à distance des moutons un félin déjà farouche par nature, tel que le guépard (à l'état sauvage, les guépards affrontent de terribles ennemis ; détaler à toute vitesse reste leur meilleur moyen de défense). Dissuader les guépards de s'attaquer aux moutons et aux chèvres leur évite de devenir la cible des fermiers tout en améliorant leur réputation — une excellente stratégie pour la survie de l'espèce. Jusqu'ici, le programme a rencontré un franc succès.

Paradoxalement, les zoos des États-Unis accueillent des bergers d'Anatolie non dans l'intention d'éloigner les guépards, mais pour en faire leurs meilleurs amis.

« Rapprocher de jeunes guépards de chiens apprivoisés comporte de nombreux avantages », explique Kim Caldwell, de la réserve d'animaux sauvages du zoo de San Diego. La présence d'un chien auprès d'un guépard rassure celui-ci, enclin par nature à s'effaroucher d'un rien. Grâce à son langage corporel, le chien — paisible, affectueux et adaptable — aide le guépard à se détendre et à prendre son parti de situations nouvelles ; ce qui rend la vie au zoo moins stressante, à la fois pour les animaux et leurs gardiens. « Les guépards ne réagissent pas de la même manière vis-à-vis de nous, ou d'une créature à quatre pattes qui remue la queue, avance Kim. Un chien va lécher les oreilles du guépard, se laisser mordiller, bousculer. Mieux vaut autoriser le

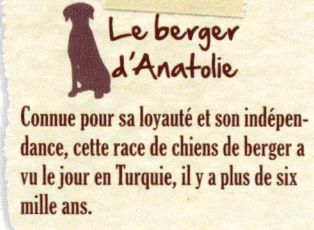

Le berger d'Anatolie
Connue pour sa loyauté et son indépendance, cette race de chiens de berger a vu le jour en Turquie, il y a plus de six mille ans.

guépard à jouer avec des chiens de cinquante kilos plutôt qu'avec un gardien de zoo. En se mesurant l'un à l'autre, les animaux font l'indispensable apprentissage de la vie en société. »

Jusqu'à présent, le zoo a enrôlé des chiots de différentes races mais ce sont les bergers d'Anatolie qui donnent les meilleurs résultats. « Certains bâtards sont incontrôlables », explique Kim, contrairement aux bergers d'Anatolie, d'un naturel placide. Bien que toujours prêts à se défouler, ils aiment aussi se prélasser et faire leur toilette, ou laisser un autre animal s'en charger ; ce dont les guépards ne se privent pas. « N'oublions pas qu'alors que la plupart des chiens joueraient volontiers jour et nuit, les félins aiment dormir une vingtaine d'heures chaque jour. »

Les animaux ne passent pas tout leur temps ensemble et prennent leurs repas séparément. « Les chiens reniflent, tandis que les chats mâchent longuement », précise Kim. Les risques d'agression augmentent donc aux heures où ils se nourrissent. Malgré tout, à partir du moment où un bébé guépard se prend d'affection pour un chiot, « il s'en fait un ami pour la vie ».

GÉORGIE, ÉTATS-UNIS

Le cacatoès et le chat

Grattez un chat derrière l'oreille et il deviendra votre ami à vie. Mais si celui qui le gratte est pourvu de plumes et d'un bec ? Voilà qui ne paraît pas déranger Lucky, un jeune chat de gouttière, recueilli par Libby Miller et Gay Fortson, de Savannah, en Géorgie. Lucky cohabite avec Coco, un pétulant cacatoès n'ayant pas sa langue dans sa poche, qui s'est pris d'affection pour le félin.

Un matin, Coco se tenait perché à l'extrémité du lit de ses maîtres, sous lequel se cachait Lucky. Le chat ne s'était pas encore approché de l'oiseau. En entrant, Libby les découvrit « ensemble sur le lit ». Elle craignit dans un premier temps que l'un ne blessât l'autre mais « Coco redoublait de prévenance ! D'une patte, il massait Lucky, et allait et venait sur sa tête — ce qui ne semblait pas gêner le chat le moins du monde ». Libby se rua sur sa caméra pour les filmer. La vidéo, une fois en ligne, fit le tour du monde. « Des internautes de tous les pays prennent plaisir à voir comme ils s'entendent bien. »

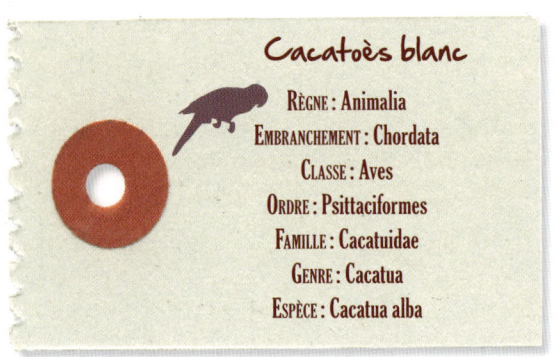

Cacatoès blanc
RÈGNE : Animalia
EMBRANCHEMENT : Chordata
CLASSE : Aves
ORDRE : Psittaciformes
FAMILLE : Cacatuidae
GENRE : Cacatua
ESPÈCE : Cacatua alba

Les deux animaux continuent, aujourd'hui encore, à se témoigner de l'affection, en dépit du risque pour l'oiseau de blesser le chat avec son bec et ses griffes. Coco aime introduire sa langue, pas plus épaisse qu'un doigt, dans l'oreille du chat, ou le câliner, fasciné par le goût de sa fourrure et la consistance élastique et molle de son corps. En retour, Lucky bascule sur le dos en exposant son ventre au cacatoès, qui le pétrit de ses pattes.

À la fin de la journée, chat et oiseau s'installent l'un auprès de l'autre sur les genoux de leurs maîtres, le temps de « prendre le frais », en compagnie des quatre chiens du couple. La soirée n'est réussie que lorsque les animaux libres de leurs mouvements se rapprochent les uns des autres. « Cela nous enchante que nos animaux se plaisent ensemble. »

Alors que l'espérance de vie d'un chat domestiqué se limite à quinze ou vingt ans, les cacatoès peuvent vivre une centaine d'années.

Le cacatoès et le chat

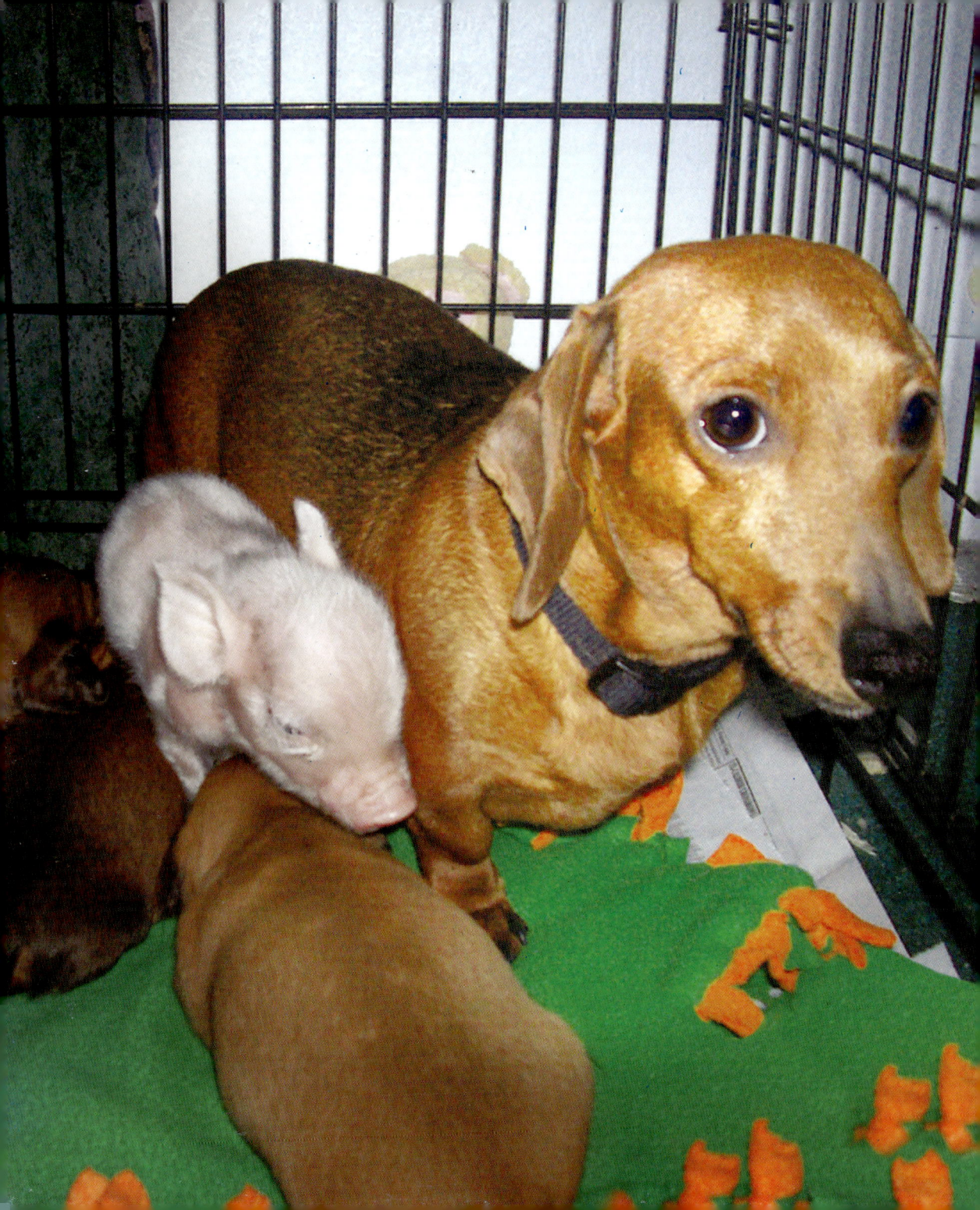

VIRGINIE-OCCIDENTALE, ÉTATS-UNIS

Le teckel et le porcelet

Par une nuit glaciale, sur un lit de paille, dans une étable de Virginie-Occidentale, vint au monde un cochon à qui la chance allait sourire.

À la naissance de Pink — chétif et beaucoup plus petit que les autres porcs de la portée —, ni Johanna Kerby, qui aida la truie à mettre bas, ni son mari, ni sa fille, qui assistèrent à l'accouchement, ne crurent qu'il survivrait. Heureusement, un improbable bienfaiteur lui offrit une chance de s'en sortir.

Dernier né d'une portée de onze, Pink ne ressemblait en rien à ses frères et sœurs. En principe, les porcs sortent du ventre maternel les yeux ouverts et, au bout de quelques minutes à peine, se mettent à trotter et téter. En moyenne,

Porc
RÈGNE : Animalia
EMBRANCHEMENT : Chordata
CLASSE : Mammalia
ORDRE : Artiodactyla
FAMILLE : Suidae
GENRE : Sus
ESPÈCE : S. domestica

ils pèsent un kilo et demi alors que Pink, venu au monde les paupières closes, n'atteignait même pas les cinq cents grammes. Malingre et dépourvu de poils, il n'émettait que d'inaudibles grognements. « Étendu dans sa caisse, il se contentait de couiner, se rappelle Johanna. Il n'a même pas essayé d'avancer ; il manquait de force. » Lorsqu'elle approcha le petit des mamelles de sa mère, il refusa de la téter. Bien vite, ses frères plus forts que lui le repoussèrent afin de se débarrasser de ce rival, de toute façon pas de taille à lutter.

Une idée vint à Johanna. La chienne de la famille, une petite teckel rousse baptisée Tink, affectueuse et maternelle, même envers les autres animaux, nourrissait un faible pour les cochons.

Lorsqu'elle rencontra pour la première fois des porcelets dans la ferme des Kerby, « Tink les rassembla dans un coin et se mit à les lécher », se souvient Johanna. « Ils pesaient près d'une douzaine de kilos, beaucoup plus qu'elle, donc, mais Tink ne s'en formalisa pas. Elle semblait tellement contente ! Elle n'arrêtait pas d'agiter la queue. » Par la suite, elle manqua de peu se noyer dans la boue épaisse comme une soupe de la porcherie, alors qu'elle cherchait à s'approcher des cochons.

À la naissance de Pink, Tink venait de mettre au monde trois chiots, dont un mort-né ; ce dont elle peinait d'ailleurs à se remettre. Johanna décida de présenter Tink à Pink, dans l'espoir que la chienne traiterait le porcelet comme l'un

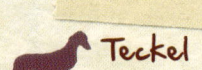

Teckel
Le corps allongé du teckel — une race née en Allemagne au début du XVIIe siècle —, ses courtes pattes et son odorat très développé le rendent on ne peut plus apte à chasser les blaireaux dans leurs terriers.

Le teckel et le porcelet

de ses petits. Peu auparavant, Tink avait en effet nourri, en plus de ses petits, un chiot dont elle n'était pas la mère.

La chienne adopta immédiatement le cochonnet. Sitôt Pink placé dans son panier, « Tink devint folle de joie. Elle le lécha de la tête aux pattes et arracha le reste du cordon ombilical avec ses dents ». Elle coinça ensuite le porc contre sa gorge pour lui tenir chaud. Une fois les autres chiots prêts à téter, elle encouragea Pink, d'un mouvement de son museau, à se joindre à eux contre son ventre.

Au grand soulagement des Kerby, Pink but le lait de Tink. « Tink lui a réservé un traitement de faveur ; j'ai l'impression que c'était son chouchou », reconnaît Johanna. Pink ne tarda pas à grandir et forcir, au point de rattraper ses frères. Il ne manifesta cependant aucun désir de les rejoindre. Sa famille se compose uniquement de chiens et il batifole aujourd'hui avec de jeunes chiots le plus naturellement du monde.

FLORIDE, ÉTATS-UNIS

Le plongeur et la raie manta

S ean Payne compte à son actif des milliers d'heures de plongée ; il a eu la chance de se retrouver face à une multitude de créatures, de crevettes minuscules jusqu'à d'imposants requins baleines. Quand il évoque sa rencontre avec une raie manta, on a toutefois l'impression qu'il parle de son premier amour.

Ce jour-là, il ne cherchait pourtant pas de raies : il prêtait son concours à des photographes intéressés par le mérou géant, un poisson qui pèse jusqu'à trois cent soixante kilos et partage l'habitat de la raie, le long des côtes de Floride. Il venait de plonger, au crépuscule, à vingt-sept mètres de profondeur, aux

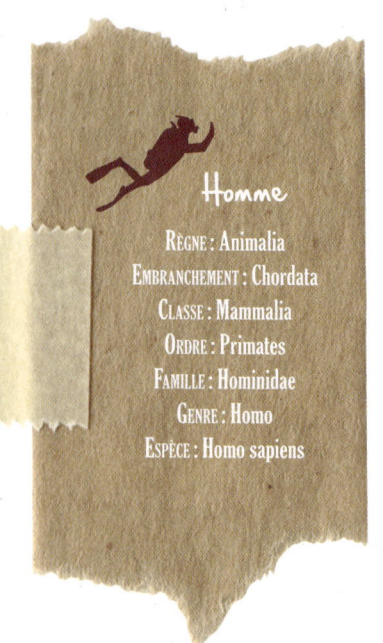

Homme
RÈGNE : Animalia
EMBRANCHEMENT : Chordata
CLASSE : Mammalia
ORDRE : Primates
FAMILLE : Hominidae
GENRE : Homo
ESPÈCE : Homo sapiens

abords d'une épave où se rassemblaient de gros poissons, et attirait l'attention des autres plongeurs à l'aide d'une crécelle, quand « soudain, [il] vi[t] une petite raie noire s'approcher de [lui] ». (La notion de taille est relative : les raies manta adultes atteignent parfois les six mètres d'envergure et un poids d'une tonne trois.) Les plongeurs éveillent la curiosité des raies qui, le plus souvent, se contentent de passer auprès d'eux avant de se poser sur le fond sableux de l'océan, hors de leur portée. On eût dit que cette raie-là, pas encore adulte, aspirait à se laisser caresser par un homme.

« Elle s'est glissée sous moi — j'ai même dû la maintenir à distance pour éviter qu'elle ne me repousse vers la surface, raconte Sean. Sa peau avait une texture incroyable ; on aurait dit du velours tendu sur des côtes et des muscles. » La raie dansa avec le plongeur une sorte de tango en cercle, qui le contraignit à la serrer entre ses mains. Lorsqu'il promena sa paume sur le poisson, le bout de ses ailes tressaillit, comme la patte d'un chien quand on lui gratte le ventre. « Elle m'a tellement fasciné que je n'ai pas réussi à m'en détacher, poursuit Sean. D'habitude, il faut se lancer à la poursuite des raies, pour les voir d'un peu près. Celle-là s'est approchée de son propre chef ; elle a fondu sur moi, elle voulait que je la touche. J'aurais pu me croire face à mon berger allemand — j'ai senti un lien s'établir entre nous. Formidable ! »

Sean venait d'entrer en contact avec la raie depuis quelques minutes à peine, quand il reçut le signal de retourner au travail. Il s'éloigna donc, à contrecœur.

La jeune raie — sur la réserve vis-à-vis des autres plongeurs — demeura à proximité. Lorsque Sean remonta vers la surface (à la différence de son amie la raie, il avait besoin d'air), elle l'accompagna, comme pour s'assurer qu'il ne lui arriverait rien.

« J'étais censé braquer des projecteurs sur les mérous géants en période de frai, mais, à cause de la raie, j'ai manqué à mes obligations, avoue Sean. Ça en valait la peine ! » Il baptisa l'animal Marina, comme sa fille.

La tendresse de Sean envers la raie eût surpris les marins d'antan, qui associaient au diable les raies manta, aux nageoires effilées. Une légende prétendait qu'elles surgissaient tout à coup des flots pour renverser les bateaux. Bien qu'en réalité les raies soient des créatures pacifiques, on conçoit sans peine l'origine de telles croyances : il arrive aux raies manta, à la fois puissantes et gracieuses, de fendre la surface des mers pour apparaître un instant à l'air libre, avant de retourner avec fracas dans les profondeurs. Aujourd'hui, un tel spectacle nous semble magnifique — voire cocasse. Alors qu'il y a cinq siècles, sur le pont d'un galion dont la charpente craquait, nul n'eût songé à devenir l'ami d'une créature qu'on eût qualifiée de « cornue ».

Raie manta
Règne : Animalia
Embranchement : Chordata
Classe : Chondrichthyes
Ordre : Myliobatiformes
Famille : Mobulidae
Genre : Manta
Espèce : Manta birostris

WYOMING, ÉTATS-UNIS

L'âne et le bâtard

Certaines amitiés commencent cahin-caha. Il arrive toutefois que ceux qu'elles rapprochent retombent sur leurs pattes. Ce fut le cas de Safi, le bâtard, et son copain Wister, un jeune âne qui avait pourtant la réputation d'intimider les chiens, et non de jouer avec eux.

Lorsqu'ils firent connaissance, dans un ranch au fin fond du Wyoming, Wister paissait dans son pré, alors que Safi se promenait avec sa propriétaire, Barbara Smuts. Intrigué, Safi s'approcha de la drôle de créature. Dès que Wister l'aperçut, il fonça sur lui, se retourna et lui décocha un coup de sabot pour le moins agressif. Safi s'écarta juste à temps et s'allongea sur les hanches ;

Âne

RÈGNE : Animalia
EMBRANCHEMENT : Chordata
CLASSE : Mammalia
ORDRE : Perissodactyla
FAMILLE : Equidae
GENRE : Equus
ESPÈCE : Equus asinus

une manière pour lui d'exprimer son envie de jouer. Wister se fâcha de nouveau et sa patte se tendit, comme mue par un ressort. À la troisième reprise seulement, Safi comprit le message et battit en retraite.

Barbara, une biologiste spécialiste du comportement des animaux, s'étonna de la fascination de son chien pour un représentant d'une autre espèce. Un jour que Wister se trouvait à l'intérieur de son enclos, elle offrit à Safi une nouvelle occasion de se lier avec lui. Safi courut tout le long de la clôture. Wister l'imita de son côté. Ils gambadèrent dans un sens, puis dans un autre, le chien aboyant ou grognant à l'occasion, tandis que l'âne brayait. Au bout d'un moment, Safi franchit la clôture, en se glissant dessous, pour traverser le pré comme une flèche, dès que l'âne se mettait à l'importuner en s'empressant un peu trop auprès de lui.

Un jour qu'il venait de neiger, Safi prit confiance en lui et résolut de rester plus longtemps dans l'enclos de Wister. « Il s'aperçut qu'il se déplaçait avec plus d'aisance dans la neige que l'âne », commente Barbara.

Âne et chien finirent par batifoler ensemble hors de l'enclos : ils couraient à n'en plus pouvoir, se mordillaient le cou et se frottaient le museau. Ils prirent même l'habitude de boire dans le même bol et de faire la sieste, l'un auprès de l'autre. Quand Barbara et Safi partaient en randonnée, Wister leur emboîtait le pas. Dès son arrivée au pré, le matin, Wister cherchait du regard son ami.

À en croire de nombreux vétérinaires, les bâtards vivent plus longtemps et jouissent d'une meilleure santé que les chiens de race.

« À cinq heures et demie, il se mettait à braire devant la porte du logement, où je dormais avec Safi, raconte Barbara. Un sacré réveil ! Je laissais Safi sortir et je retournais au lit. »

Quatre mois plus tard, à la fin de son congé sabbatique, Barbara dut quitter le Wyoming ; ce qui obligea Safi à dire adieu à son ami. « Nous avons repris notre train-train habituel, Safi s'est réaccoutumé à jouer avec ses anciens amis chiens. » Wister, privé de compagnon de jeu, souffrit beaucoup de l'éloignement de Safi. Il cessa de se nourrir et perdit du poids. Prostré dans son enclos, tête baissée, il ne s'intéressait plus à ce qui se  passait autour de lui. « Son attitude prouve à quel point sa relation avec Safi comptait pour lui. »

Soucieux du bien-être de Wister, ses maîtres lui trouvèrent une ânesse pour compagne ; un moyen très efficace de sortir de sa neurasthénie un mâle adolescent. « On ne s'étonnera pas qu'elle lui ait tout de suite remonté le moral ! » conclut Barbara.

ANGLETERRE

La sarcelle et le martin-chasseur géant

La créature au duvet jaune, qui marche et cancane comme un canard, est en réalité une sarcelle. Quant à l'autre, elle appartient à une espèce fort différente.

Un martin-chasseur géant de six semaines — qu'on rencontre à l'état sauvage en Australie et en Nouvelle-Guinée — vivait seul au parc animalier de Seaview, sur l'île de Wight, en Angleterre. « Notre couple de martins-chasseurs géants a pour habitude de tuer ses petits », explique la directrice du parc, Lorraine Adams. Après avoir élevé trois petits, « la femelle pondit, une année, trois œufs et tua les oisillons sortis des deux premiers. La décision fut prise de lui retirer le dernier, baptisé Kookie, pour le sauver ».

À la même époque, le personnel du parc recueillit une sarcelle de Bernier, incapable de se défendre contre les gros oiseaux qui peuplaient l'une des volières. Plutôt que de garder la sarcelle dans une cage et le martin-chasseur géant dans une autre, Lorraine résolut de les réunir. Même si un martin-chasseur adulte n'hésiterait pas à manger un caneton ; quand il sort tout juste de l'œuf, il ne menace en aucune manière une sarcelle.

Martin-chasseur géant
RÈGNE : Animalia
EMBRANCHEMENT : Chordata
CLASSE : Aves
ORDRE : Coraciiformes
FAMILLE : Halcyonidae
GENRE : Dacelo
ESPÈCE : Dacelo novaeguineae

À ce moment-là, Kookie ne faisait pas grand-chose de ses journées. « Il restait dans sa couveuse, à attendre qu'on le nourrisse, raconte Lorraine. Quand j'ai amené auprès de lui le bébé sarcelle, Kookie n'a pas bougé. Le nouvel arrivant s'est tout de suite blotti contre lui en essayant de se glisser sous son aile, comme il l'aurait fait en présence de sa mère. » Bien que le martin-chasseur ne réagît pas, Lorraine demeura optimiste, vu qu'au moins il n'agressait pas l'oisillon.

Elle estima toutefois plus prudent de les séparer, la nuit. Lorsqu'elle emporta la sarcelle pour la placer dans une couveuse à part, « elle se mit à sautiller sur place, devant la porte, tant elle aspirait à retrouver Kookie ». Le matin venu, dès qu'elle eut rejoint le martin-chasseur, la sarcelle le câlina de plus belle.

La mère de la sarcelle a depuis pondu d'autres œufs, dont sont sortis deux oisillons. « C'est quelque chose à voir, quand ils se cachent tous les trois sous le martin-chasseur », commente Lorraine. Ils ne partagent pas leurs repas :

La sarcelle et le martin-chasseur géant

les sarcelles se nourrissent d'un mélange de miettes et d'œuf, alors que Kookie se régale de poussins morts, de larves d'insectes et de bœuf haché. Quand elles ne picorent pas, les sarcelles « grimpent sur le dos de Kookie ou lui donnent de petits coups de bec dans les plumes afin de se blottir sous ses ailes ». Kookie ne bronche pas. En bon baby-sitter, il ne s'impatiente jamais.

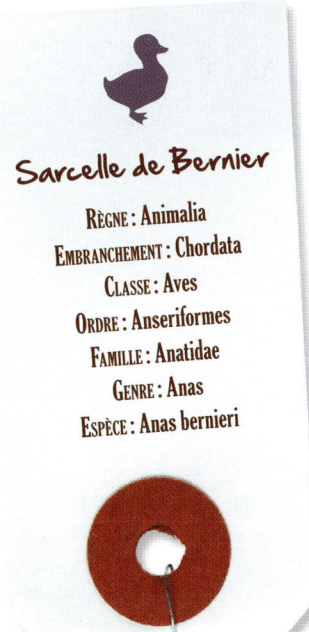

Sarcelle de Bernier

RÈGNE : Animalia
EMBRANCHEMENT : Chordata
CLASSE : Aves
ORDRE : Anseriformes
FAMILLE : Anatidae
GENRE : Anas
ESPÈCE : Anas bernieri

Les martins-chasseurs géants sont connus pour leur cri, qui rappelle un peu un fou rire hystérique : ils rejettent la tête en arrière en caquetant dans les aigus. « Quand les adultes se mettent à crier, on les entend d'un bout à l'autre du parc », indique Lorraine. À l'âge tendre, les martins-chasseurs n'ont cependant pas grand-chose à dire. Pour l'instant, Kookie, en dépit du remue-ménage dans sa cage, ne produit qu'un bruit de gorge. Peut-être réservera-t-il bientôt à ses amis les sarcelles une surprise qui leur hérissera les plumes.

TENNESSEE, ÉTATS-UNIS

L'éléphant et le chien errant

Au sanctuaire pour éléphants de Hohenwald, dans le Tennessee, des éléphants en provenance de diverses régions du globe se lient avec leurs congénères — ce qui n'a rien d'étonnant de la part d'animaux sociables, accoutumés à la vie en troupes. Les chiens errants, qu'il n'est pas rare de croiser dans les parages, ignorent en principe les pachydermes. Ils restent sur leur quant-à-soi ou ne s'acoquinent qu'avec d'autres chiens. Du moins, jusqu'à ce qu'une éléphante nommée Tarra et un chien baptisé Bella tordent le cou aux convenances.

Au mépris des usages, ces deux intelligents mammifères se réunirent, pour ne plus se quitter. Le paisible géant et le solide bâtard prirent l'habitude de

Éléphant d'Asie

Règne : Animalia
Embranchement : Chordata
Classe : Mammalia
Ordre : Proboscidae
Famille : Elephantidae
Genre : Elephas
Espèce : Elephas maximus

manger, boire et dormir l'un auprès de l'autre. Tarra dominait le chien, de toute la hauteur de ses pattes grosses comme des troncs d'arbres. Pourtant, chacun d'eux ne s'épanouissait qu'en présence de l'autre.

Là-dessus, Bella le chien tomba malade et le personnel du sanctuaire dut le garder sous observation. Tarra parut troublée ; elle se mit à errer aux abords du bâtiment où se trouvait Bella, comme pour veiller sur lui. Tarra attendit de nombreux jours le rétablissement de Bella. Une fois qu'ils furent réunis, Tarra caressa Bella avec sa trompe et barrit en tapant de la patte. Bella, lui, agita la queue en tirant la langue et en se roulant par terre.

Le plus remarquable survint lorsque Tarra leva l'un de ses immenses pieds et frotta prudemment le ventre de son ami.

La biologiste de renom Joyce Poole, qui a probablement passé plus d'heures à observer des éléphants que n'importe qui d'autre au monde, se rappelle sa rencontre avec l'improbable couple lors d'une visite au sanctuaire. « J'ai eu la chance d'entrer dans leur intimité, de surprendre Tarra en compagnie de Bella et d'un autre chien, devenu son ami. Elle cherchait sans cesse à enrouler sa trompe autour d'eux. » D'après Poole, une telle amitié ne doit pas surprendre. « Notre

Le sanctuaire pour éléphants

Situé à Hohenwald, dans le Tennessee, c'est le plus grand refuge du genre aux États-Unis, destiné en particulier aux éléphants âgés ou malades, qui y évoluent en milieu naturel.

L'éléphant et le chien errant

travail auprès des éléphants et nos relations avec les chiens nous ont démontré leur émotivité et leur capacité à s'attacher les uns aux autres. » En liberté, les éléphants restent fidèles à des groupes soudés, sous la houlette d'une femelle. Non contents d'adopter les petits les uns des autres, ils souffrent de la mort de leurs proches. Un éléphant tel que Tarra, explique Poole, ayant grandi en présence d'espèces différentes, « a reporté son affection sur des animaux autres que ses congénères ».

À l'instar d'Horton, l'éléphant dévoué imaginé par Dr Seuss, qui couvait un œuf à la place d'une maman oiseau, Tarra s'est révélée d'une constance à toute épreuve.

ILLINOIS, ÉTATS-UNIS

Les furets et les molosses

Laurie Maxwell raffole des chiens. Elle n'hésite d'ailleurs pas à en héberger d'énormes chez elle. Ces derniers temps, deux pitbulls et un bouledogue — une montagne de muscles — vivaient sous son toit. Convaincue que « plus on est nombreux à semer la zizanie, plus on rit », Laurie leur présenta le couple de furets de son petit ami. Les rongeurs Moose et Pita s'abattirent sur la maisonnée comme une tornade. Heureusement, il n'y avait rien d'hostile dans leur attitude. À leur tour, ils devinrent les amis des chiens.

« Ils filaient sans arrêt d'un bout à l'autre de la maison ; pas moyen de les tenir ! » affirme Laurie. Alors que les deux pitbulls gardaient leur calme, « Moose

Furet

RÈGNE : Animalia
EMBRANCHEMENT : Chordata
CLASSE : Mammalia
ORDRE : Carnivora
FAMILLE : Mustelidae
GENRE : Mustela
ESPÈCE : Mustela putorius furo

se battait contre le vieux bouledogue anglais, Brando, plus turbulent par nature, en lui mordant les bajoues et le museau. Il chapardait en outre les jouets de Brando, qu'il lui arrachait de la gueule, pour les cacher sous le lit. Le furet n'avait peur de rien ». Ils se mesuraient l'un à l'autre : Brando soulevait Moose de terre et le baladait partout, des jouets coincés entre ses mâchoires. « Moose en raffolait ; il en redemandait, même », affirme Laurie. Le cou du furet finit par se gonfler de muscles après tant d'efforts.

Dans un premier temps, les rongeurs terrifièrent Winston, l'un des pitbulls. « Quand ils le rejoignaient sur le lit, au début, il tombait par terre en essayant de leur échapper », se rappelle Laurie. Un conditionnement approprié permit toutefois à Winston de surmonter sa peur, au point de devenir le coussin favori du furet, à la fin de la journée. Nala, l'autre pitbull, suivait partout les rongeurs dans l'intention de les lécher, tel un entraîneur soucieux de rendre ses poulains présentables entre deux passages sur le ring.

Lorsque Moose perdit l'usage de ses pattes arrière, des suites d'une maladie, le petit ami de Laurie, Jonathan, lui fabriqua une chaise roulante à sa taille, à partir d'une jambière, d'un bout de bois et de roues prélevées sur la poulie d'une corde à linge. Avec Pita, il reprit l'habitude de filer d'un bout à l'autre de la maison et du jardin, poursuivi par — ou à la poursuite de — trois chiens dix fois plus gros que lui.

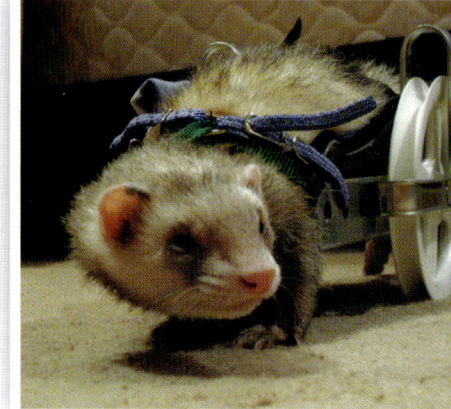

Les furets et les molosses

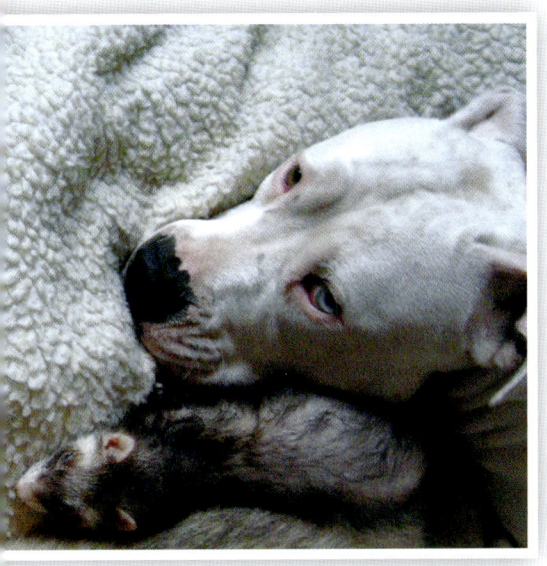

Quelques mois plus tard, ce fut la santé de Pita qui déclina. À en croire Laurie, on eût dit un sac d'os. Après des attaques à répétition, celle-ci décida de plonger dans un sommeil éternel « l'adorable petite boule de fourrure ». Avant de l'enterrer, elle amena Moose auprès de son ancien camarade de jeu. « Il lui donna des coups de museau, pour l'inciter à jouer avec lui, et s'allongea auprès de Pita, en posant la tête sur son cou. » Les chiens, interloqués, reniflèrent eux aussi la créature sans vie. Ce fut toutefois leur sollicitude envers Moose qui impressionna le plus leur maître.

Comme l'écrivit plus tard Laurie, sur le site de la SPA américaine (où elle s'occupe d'une campagne destinée à mettre un terme aux combats de chiens) après la disparition de Pita, les chiens remarquèrent la baisse de tonus de Moose, qu'ils s'efforcèrent de ragaillardir. « Notre chien Nala, plein de vie, le léchait sans arrêt, jusqu'à ce que, sortant de sa torpeur, il griffe et morde son museau, par jeu. Brando, le bouledogue, suivait partout Moose, en gardant un œil sur lui, imperturbable. Quant à Winston, qui raffole des câlins, il se blottissait auprès du furet et dormait à ses côtés. » Laurie est convaincue que les chiens, conscients du chagrin de Moose, ont consolé leur ami, quand il en a eu le plus besoin.

La campagne contre les combats de chiens

Ce projet, conçu par la SPA américaine, se donne pour objectif d'interpeller les jeunes à problèmes à propos des dangers et de la cruauté des combats de chiens, au cours desquels s'affrontent le plus souvent des pitbulls, qui y laissent fréquemment la vie.

OREGON, ÉTATS-UNIS

Le golden retriever et la carpe koï

Les mouvements harmonieux de poissons dans un bassin à la surface miroitante caressée par une brise ne vous ont-ils jamais captivés ? Un golden retriever de neuf ans, baptisé Chino, a découvert ce spectacle enchanteur dans un jardin de banlieue de l'Oregon, il y a de cela quelques années.

Chino fut surtout fasciné par Falstaff, le koï — un grand poisson de bassin multicolore apparenté à la carpe, originaire d'Asie, où il est élevé depuis des siècles en raison de sa beauté. Aujourd'hui populaires en Occident aussi, les koïs comptent parmi les poissons les plus grégaires qui soient. Or Chino lui-même n'était pas du genre empoté, en société.

Carpe koï

RÈGNE : Animalia
EMBRANCHEMENT : Chordata
CLASSE : Actinopterygii
ORDRE : Cypriniformes
FAMILLE : Cyprinidae
GENRE : Cyprinus
ESPÈCE : Cyprinus carpio carpio

Imaginez tout de même les obstacles qu'ont dû surmonter ces deux animaux avant de se témoigner leur affection ! Pas question pour eux de se balader côte à côte, de batifoler ensemble, de se câliner ou de se partager un os. À vrai dire, ils n'entraient physiquement en contact que quand le chien frottait son museau humide contre la bouche du poisson. Ce qui ne les a pas empêchés de devenir amis.

Dans le jardin de Mary Heath et son époux se trouvait un bassin rempli de koïs. Chino, qui ne s'intéressait pas plus que cela aux chiens qu'il croisait dans la rue, fut séduit par les mouvements fluides de ces étranges créatures aquatiques. Il prit l'habitude de s'étendre au bord du bassin, sur des rochers chauffés par le soleil, en regardant les poissons tourner en cercle et remonter à la surface, le temps de se nourrir.

L'intérêt de Chino pour les koïs redoubla lorsqu'à l'occasion d'un déménagement les Heath installèrent un perchoir à son intention auprès du bassin. Deux poissons seulement suivirent la famille à sa nouvelle adresse, dont le magnifique Falstaff, orange et noir. N'étant plus distrait par l'évolution dans l'eau d'une quantité d'animaux, Chino se focalisa sur Falstaff. Une curiosité mutuelle s'éveilla chez les deux créatures. « Ils se retrouvaient au bord du bassin. Chino s'allongeait en trempant son museau dans l'eau, raconte Mary. Ils se touchaient le bout du nez, quand Falstaff ne mordillait pas les pattes avant de Chino. » À en croire ses maîtres, Falstaff comptait parmi les rares êtres vivants dont la présence incitait le vieux chien à remuer la queue.

« Quand on le laissait sortir, Chino n'avait rien de plus pressé que de retrouver ce poisson. Falstaff venait aussitôt à sa rencontre. » Chino demeurait allongé à plat ventre une bonne demi-heure, captivé par les mouvements de son copain sous l'eau.

Le cerveau des poissons n'est pas bien grand. Nul ne sait ce que la notion d'amitié peut bien signifier pour une carpe. Quelque chose rapprochait en tout cas les deux animaux, jour après jour. Peut-être Falstaff s'attendait-il à être nourri quand un mammifère s'approchait de l'étang ? À moins que les neurones d'un poisson ne soient en mesure de manipuler des concepts plus complexes que manger, nager, se reproduire et prendre la fuite — d'autant que les koïs sont assez éloignés, génétiquement, des créatures à la queue bariolée qu'on remporte au tir à la carabine, lors des fêtes foraines. Dans certaines régions d'Asie, les koïs, d'une splendeur majestueuse, forts et rusés, incarnent la capacité à surmonter l'adversité et aller courageusement de l'avant. D'aucuns voient même en eux un symbole de chance.

Le golden retriever
Réputé pour son intelligence et son naturel affectueux, le golden retriever compte au nombre des races les plus populaires aux États-Unis.

Quant aux golden retrievers, quelle que soit la taille de leur cerveau, il est rare d'en rencontrer qui ne soient pas curieux et prompts à remuer la queue, en signe d'amitié.

CALIFORNIE, ÉTATS-UNIS

Le gorille et le chaton

L'histoire qui suit est devenue célèbre, tant elle prouve la capacité à s'émouvoir de nos plus proches parents du règne animal.

Le meilleur ami de Koko le gorille tenait au creux de sa paume.

En 1984, le singe femelle de plus de cent kilos, ayant appris à communiquer à l'aide du langage des signes, esquissa deux moustaches sur ses joues, indiquant ainsi à son professeur de la Fondation pour les gorilles, Francine « Penny » Patterson, qu'elle voulait un chat pour son anniversaire. Francine ne s'en étonna pas. Depuis des années qu'elle lisait des histoires à Koko, celle-ci raffolait des *Trois Petits Chatons* et du *Chat botté*. Ne se satisfaisant pas d'une

Gorille des plaines de l'Ouest

RÈGNE : Animalia
EMBRANCHEMENT : Chordata
CLASSE : Mammalia
ORDRE : Hominidae
FAMILLE : Gorilla
GENRE : G. Gorilla
ESPÈCE : G. g. gorilla

peluche, Koko fut invitée à choisir un compagnon, parmi une portée de chatons abandonnés. Elle jeta son dévolu sur une boule de fourrure si petite qu'elle eût pu la broyer sans peine au creux de son poing. Elle câlina toutefois le chat gris sans queue, tel un enfant jouant avec une poupée, et le baptisa « Boule ».

Koko eut le coup de foudre pour le chaton, qu'elle traita comme ses congénères traitent leurs petits. Elle l'emmenait partout, juché sur sa hanche, essayait de lui donner la tétée, le grattait et s'amusait même à l'habiller en le drapant dans des couches. Apparemment consciente de sa force, elle se montrait d'une grande douceur vis-à-vis du félin, qu'elle laissait la mordiller, sans devenir agressive pour autant. Quand son professeur lui demanda si elle aimait Boule, Koko répondit : « Gentil chat, bon chat. »

Hélas, leur relation connut une fin prématurée. L'hiver suivant son adoption, Boule s'échappa de l'enclos du gorille et une voiture l'écrasa. Ceux qui s'occupaient de Koko affirment que son chagrin s'exprima au travers de ses gestes — son langage muet — alors que sa tristesse éclatait dans ses cris.

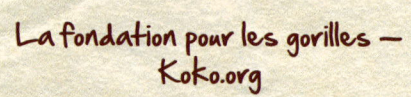

La fondation pour les gorilles — Koko.org

Dédiée à la protection des gorilles, cette fondation, créée en 1976, est surtout connue pour son travail novateur auprès de deux gorilles des plaines de l'Ouest, Koko et Michael, qui ont appris le langage des signes, au point de le parler couramment.

Le gorille et le chaton

Quand on lui demanda si elle souhaitait parler de la disparition de Boule, Koko répondit « Pleurer ».

« Qu'est-il arrivé à ton chaton ? s'enquit son professeur.

– Le chat dort. »

Koko montra du doigt une photo d'un chat qui ressemblait à Boule et ajouta : « Pleurer, triste. »

Le temps guérit néanmoins bien des blessures, chez les gorilles comme chez les hommes. Il restera toujours, dans le cœur des grands singes, assez de place pour de nouvelles amitiés. Koko ne tarda pas à se lier avec deux autres chatons, Lipstick et Smoky. Une fois réveillés ses instincts maternels, la femelle gorille impressionna ceux qui veillaient à son bien-être en s'attachant une fois de plus à des animaux fort différents d'elle.

AFRIQUE DU SUD

L'hippopotame et la chèvre pygmée

À l'âge de six mois, Humphrey l'hippopotame rejoignit la réserve naturelle des rhinocéros et des lions, surtout connue pour abriter des représentants des deux espèces — en particulier les rhinocéros en voie d'extinction ; certains s'y étant d'ailleurs reproduits, ces dix dernières années. D'autres animaux y sont toutefois les bienvenus, comme l'illustre l'exemple de Humphrey.

Lorinda Hern, la fille du propriétaire de la réserve, affirme que l'hippopotame grandit auprès d'une famille : il allait et venait à sa guise sous leur toit et se prélassait dans la piscine. Il finit toutefois par atteindre des

Hippopotame

Règne : Animalia
Embranchement : Chordata
Classe : Mammalia
Ordre : Artiodactyla
Famille : Hippopotamidae
Genre : Hippopotamus
Espèce : Hippopotamus amphibius

proportions telles qu'il fallut lui interdire l'accès à la maison. Ayant contracté de mauvaises habitudes d'animal de compagnie gâté, Humphrey ne voulut rien savoir et enfonça les portes. Sa résolution ne doit pas surprendre. L'hippopotame n'est pas du genre nonchalant, à prendre la vie comme elle vient — à moins qu'il ne se prélasse dans une rivière, au frais. En principe, les hippopotames défendent agressivement leur territoire. En dépit de leur apparence pataude, ils sont capables de courir à plus de trente kilomètres heure. En Afrique, beaucoup tiennent les hippopotames pour les plus dangereux des animaux sauvages, vu qu'ils tuent, paraît-il, plus d'hommes que les autres bêtes de taille comparable — y compris les crocodiles et les lions.

Heureusement, il n'y avait pas lieu de craindre que Humphrey, bien disposé envers les hommes, ne s'en prît à eux. Seuls les « dégâts collatéraux » de la présence, chez eux, d'un hippopotame de deux tonnes, finirent par excéder ses maîtres. Cela explique son arrivée dans la réserve, dont le personnel décida de lui présenter un « ami », de crainte que, souffrant de sa solitude, il ne donne libre cours à sa frustration.

Entra alors en scène une chèvre. Aucun des deux animaux ne parut se formaliser de ce qui les différenciait — notamment leur taille. Ils se lièrent d'amitié. La chèvre pygmée ne donna toutefois pas le bon exemple : d'une curiosité insatiable, elle filait souvent en douce pour grimper sur le toit d'un

L'hippopotame et la chèvre pygmée

bâtiment en passant par-dessus des clôtures. L'hippopotame, déjà mal élevé à l'origine, se plut à imiter les facéties de son ami le bovidé. À son tour, il escalada son enclos — dans la mesure où un hippopotame puisse « escalader » quoi que ce soit — et surprit en plein pique-nique des touristes qui, terrorisés, lui cédèrent leurs provisions.

Malgré ses espiègleries, la chèvre fournit à l'hippopotame esseulé la compagnie dont il avait besoin. Et voici le plus inattendu : juste avant le transfert de Humphrey dans une réserve privée, on découvrit qu'il était… une femelle !

Chèvre

RÈGNE : **Animalia**
EMBRANCHEMENT : **Chordata**
CLASSE : **Mammalia**
ORDRE : **Artiodactyla**
FAMILLE : **Bovidae**
GENRE : **Capra**
ESPÈCE : **Capra aegagrus hircus**

NEW YORK, ÉTATS-UNIS

L'iguane et les chats

Dans les rues de New York errent bien des créatures étranges. Il est pourtant rare de rencontrer parmi elles des iguanes. Un jour, au croisement de la 71ᵉ Rue et de la 13ᵉ Avenue à Brooklyn, un iguane passa toutefois au pied d'un homme qui, après réflexion, estima que l'animal n'avait rien à faire là. Il s'empara de lui, dans l'intention de lui trouver un foyer, mais sa femme ne se montra pas très enthousiaste. « Je ne veux pas de ça ici ! » déclara-t-elle. Il se tourna donc vers une amie, qui nourrissait un faible pour les animaux.

Rina Deych, une infirmière, qui, en tant que bénévole, se consacre beaucoup aux animaux, accueillit sans hésiter, dans son appartement aux allures de zoo, l'iguane d'une trentaine de centimètres de long. Une fois renseignée sur ses besoins, elle lui acheta une cage, un humidificateur, un chauffage d'appoint et des ampoules imitant la lumière du soleil. « Au moins, il était végétarien : un bon point pour lui », commente Rina, qui a elle-même banni la viande de son alimentation, et dont le frigo regorge de légumes verts et de fruits. « Bien sûr, même dans le cas contraire, je l'aurais recueilli. » Elle baptisa l'animal Sobe.

Iguane
RÈGNE : Animalia
EMBRANCHEMENT : Chordata
CLASSE : Reptilia
ORDRE : Squamata
FAMILLE : Iguanidae
GENRE : Iguana
ESPÈCE : I. iguana

Grâce à ses bons soins, Sobe s'épanouit et atteignit rapidement le mètre trente-cinq, de la tête jusqu'au bout de la queue. Au même moment, une autre créature en peine échoua chez Rina. « Le chaton frôlait la mort quand je l'ai trouvé. À croire qu'il savait — lui ou la chatte qui l'a déposé ici — que tous les animaux sont les bienvenus chez moi. » Bien que le félin souffrît d'une pneumonie, d'une infection oculaire et qu'il eût des puces et des vers, Rina, convaincue de pouvoir le sauver, déclina la proposition de son vétérinaire de le piquer.

Johann le chat recouvra bien vite une meilleure santé et l'idée vint à Rina de voir comment s'entendraient les deux laissés pour compte.

L'iguane et les chats

« Quand j'ai introduit Jo dans la cage de l'iguane, Sobe s'est mis à siffler en enflant comme Godzilla. Il lui arrive de se montrer menaçant, mais Jo, qui ignorait la peur, s'est frotté contre la peau rugueuse de Sobe en ronronnant. Sobe a dû se dire : "Mince alors ! Pourquoi ne me craint-il pas ?" » Heureusement, il ne tarda pas à se calmer. Fermant les yeux, il laissa le chaton se frotter contre lui et jouer avec sa queue. Non seulement il ne le dissuada pas d'établir un contact, mais il parut même s'en réjouir.

Aujourd'hui, Sobe évolue librement dans l'appartement de Rina. Il monte sur le lit avec Jo et les autres chats de Rina, qu'il autorise à se pelotonner contre lui. Cela ne l'ennuie pas qu'ils fassent sa toilette ou le rejoignent sur son perchoir, dans sa cage. À vrai dire, quand il ne les aperçoit pas dessus, il part à leur recherche.

En dépit de l'agressivité des iguanes, en particulier lorsqu'ils parviennent à maturité sexuelle, « Jo et les autres chats ont appris à réagir à certains signes et à se retirer quand Sobe se montre un peu trop affectueux », explique Rina. Après tout, même les meilleurs amis du monde ont un seuil de tolérance à ne pas franchir.

INDE

Le léopard et la vache

C'est du village d'Antoli, sur les rives de la Dhadhar, que nous vient cette histoire d'une vache domestiquée et d'un léopard sauvage en quête d'affection.

Un soir d'octobre, le léopard se faufila entre les cannes à sucre, sachant apparemment ce qu'il cherchait. Il découvrit une vache, attachée dans un champ, conformément aux habitudes des villageois, qui vivent de l'agriculture. Le félin ne fit pas de mal à la vache, mais les villageois se méfièrent de son instinct de prédateur, vu qu'eux aussi se rendaient parfois dans leurs champs, à la nuit tombée. Ils demandèrent à l'office des forêts d'emmener le léopard dans une réserve des environs.

Léopard

Règne : Animalia
Embranchement : Chordata
Classe : Mammalia
Ordre : Carnivora
Famille : Felidae
Genre : Panthera
Espèce : Panthera pardus

Vinrent alors les hommes chargés de le capturer. Rohit Vyas, responsable de la protection de la faune sauvage de l'État du Gujarat, prit part à plusieurs tentatives d'attraper le léopard. Celui-ci revenait chaque soir dans le champ, souvent plusieurs fois au cours de la nuit, mais pas en tant que prédateur en quête de nourriture. Ce qu'il cherchait ? De l'affection. Il s'approchait prudemment de la vache, frottait sa tête contre la sienne, et se blottissait le long de son flanc. La vache léchait le félin, en commençant par sa tête et son cou. Elle le nettoyait de son mieux, tandis que le léopard gigotait, ravi. Les soirs où la vache dormait à l'arrivée du léopard, il la réveillait doucement, d'un petit coup de museau contre la patte, avant de s'allonger contre elle. D'autres bovins se tenaient aux alentours, mais le léopard ne s'intéressait pas à eux. La vache semblait heureuse de donner au félin son bain quotidien. Pendant près de deux mois, le léopard apparut vers huit heures du soir, pour câliner la vache jusqu'à l'aube — comme s'il ne voulait pas que le jour surprît leur curieux rendez-vous.

Une fois rendu public l'attachement mutuel des deux animaux, les craintes qu'inspirait le léopard aux villageois s'apaisèrent, au point qu'ils ne s'inquiétèrent plus de le capturer. À leur grande surprise, ils obtinrent de leurs champs de meilleurs rendements. Le félin s'attaquait en effet aux cochons, aux singes et aux chacals qui dévoraient d'ordinaire jusqu'au tiers des récoltes.

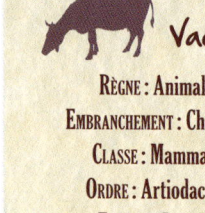

Vache

Règne : Animalia
Embranchement : Chordata
Classe : Mammalia
Ordre : Artiodactyla
Famille : Bovidae
Genre : Bos
Espèce : Bos primigenius

Il demeura en tout plusieurs semaines dans les parages. Le dernier soir où l'on vit ensemble les deux animaux, le léopard rejoignit la vache à neuf reprises avant de s'éloigner d'elle pour de bon. Rohit Vyas pense qu'il venait de perdre ses parents à un jeune âge, quand il s'aventura dans le village, en s'éloignant de sa forêt natale à travers champs. Peut-être le fait de lécher le léopard éveilla-t-il l'instinct maternel de la vache ? Le félin chercha, un temps, de la chaleur auprès d'elle, mais, une fois qu'il fut parvenu à l'âge adulte, son besoin d'affection maternelle se tarit et il s'éloigna.

Une telle explication a beau sembler plausible, « qui eût imaginé une relation pareille ? s'étonne Rohit, fasciné. Comment s'attendre à ce qu'un carnivore, un prédateur comme le léopard, témoigne de l'affection à une proie potentielle ? »

AFRIQUE DU SUD

Le lionceau et les lynx du désert

Paradoxalement, ce fut un malheur ayant frappé une poignée de félins sauvages qui donna lieu à un heureux rapprochement entre espèces au sein d'une réserve sud-africaine.

À Port Elizabeth, dans la réserve de gibier Pumba, les lions traquent leurs proies, les silhouettes impassibles des zèbres et des girafes se profilent à l'horizon des plaines poudreuses, et les rhinocéros comme les éléphants pataugent dans la gadoue à proximité de leurs abreuvoirs.

Tout commença par l'arrivée d'un lionceau du nom de Sheba, nécessitant des soins. L'équipe chargée de relâcher les animaux dans la nature s'était saisie

Lynx du désert
RÈGNE : Animalia
EMBRANCHEMENT : Chordata
CLASSE : Mammalia
ORDRE : Carnivora
FAMILLE : Felidae
GENRE : Caracal
ESPÈCE : C. caracal

par erreur de la mère de Sheba pendant sa grossesse. Deux de ses petits moururent peu après leur naissance. Quant au troisième, elle l'abandonna — probablement sous l'effet du stress lié à sa capture.

Le personnel de la réserve le recueillit en comblant de son mieux le vide laissé par sa mère. Au bout de dix-huit mois, le petit devait rejoindre une horde de lions évoluant parmi près de sept mille hectares de plaines, en partie boisées.

Deux jeunes lynx du désert arrivèrent peu après à la réserve. Petits, vifs et agiles, les lynx du désert peuplent la savane d'Afrique et du Moyen-Orient. Des chiens de chasse d'une ferme des environs venaient de tuer leur mère, parce qu'elle s'attaquait à des moutons. En principe, les lynx du désert demeurent un an auprès de leur mère. L'avenir des petits s'annonçait donc sombre, en l'absence d'un parent de substitution. Comme dans le cas du lionceau, le personnel de la réserve s'occupa du petit mâle et de sa sœur, baptisés Jack et Jill. Un compagnon de jeu les attendait : Sheba, le lionceau esseulé.

Le courant passa tout de suite entre Sheba, Jack et Jill. « Ils cohabitent avec notre chien Frankie », raconte le directeur de la réserve, Dale Howarth, dont la maison est située à l'orée de terres encore sauvages. « Ils jouent ensemble comme des chats, bien qu'ils soient évidemment beaucoup plus grands et plus turbulents — et qu'ils saccagent nos meubles et nos tapis. Ils grimpent aux rideaux comme pour s'amuser. »

Les trois félins dorment les uns auprès des autres, en formant un énorme tas de fourrure dans la chambre de Dale et son épouse, qui estiment plus pratique, ainsi, de les nourrir chaque fois qu'ils le réclament. Dès leur premier anniversaire, les lynx du désert seront lâchés dans la réserve, alors que le lionceau ne se séparera de sa « famille » qu'à dix-huit mois, quand il, ou plutôt elle, arrivera en âge de chercher un partenaire. « À ce moment-là, les trois félins seront libres d'aller et venir à leur guise ; nous n'exerçons aucune pression sur les animaux pour qu'ils restent ou s'en aillent », affirme Dale.

En attendant, les félins coulent des jours heureux à manger, dormir, batifoler, se donner des coups de pattes et de griffes et faire sursauter leurs hôtes en filant comme des flèches à travers la maison et le jardin. Après tout, que peut-on attendre d'autre de la part de gros chats ?

Lion

RÈGNE : Animalia
EMBRANCHEMENT : Chordata
CLASSE : Mammalia
ORDRE : Carnivora
FAMILLE : Felidae
GENRE : Panthera
ESPÈCE : Panthera leo

GÉORGIE, ÉTATS-UNIS

Le lion, le tigre et l'ours

Ça alors ! Voilà de nouveau réunis les trois animaux qui effrayaient tant Dorothée et ses compagnons du pays d'Oz. À *L'Arche de Noé*, un centre de réhabilitation pour les bêtes de Locust Grove, en Géorgie, le lion, le tigre et l'ours ne font toutefois peur à personne : on pourrait les croire frères.

Ils arrivèrent en même temps au centre, en 2001, confisqués par le Département des ressources naturelles, lors d'une saisie de substances illicites. Les épreuves traversées par Leo le lion, Shere Khan le tigre et Balou l'ours, âgés d'à peine trois mois à l'époque, les ont depuis rendus inséparables.

Ours noir
RÈGNE : Animalia
EMBRANCHEMENT : Chordata
CLASSE : Mammalia
ORDRE : Carnivora
FAMILLE : Ursidae
GENRE : Ursus
ESPÈCE : Ursus americanus

Une construction en bois leur a été attribuée : ils y dorment et, parfois aussi, s'y cachent des flots de visiteurs ahuris désireux d'apercevoir les amis les plus étranges du centre. Dans la nature, ils auraient dû traverser des océans pour se rencontrer : les lions vivent en Afrique, les tigres en Asie et les ours noirs en Amérique. Leurs origines lointaines ne les ont pourtant pas empêchés de cohabiter dans la joie et la bonne humeur.

Jama Hedgecoth, l'une des fondatrices de *L'Arche de Noé*, affirme que les trois animaux jouent tous les jours ensemble, parfois un peu brutalement, mais sans s'agresser. L'harmonie règne entre eux. Ils se frottent les uns contre les autres, se donnent des coups de tête, se reposent et se nourrissent ensemble. « Ils s'entendent à merveille. » Le matin, ils se réveillent, pleins d'entrain, prêts à se mesurer l'un à l'autre et à s'attaquer à leurs jouets (des pneus, des bûches et d'autres objets à peu près indestructibles). Quand la matinée touche à son terme, ils se vautrent à même le sol, ou sur l'espèce de terrasse qui entoure leur maison, et flemmardent sous le regard des visiteurs.

Tigre
RÈGNE : Animalia
EMBRANCHEMENT : Chordata
CLASSE : Mammalia
ORDRE : Carnivora
FAMILLE : Felidae
GENRE : Panthera
ESPÈCE : Panthera tigris

À la différence des chats, les tigres aiment l'eau. Les ours aussi. Shere Khan et Balou se sont découvert un autre passe-temps commun : faire trempette. Au fil

des ans, ils ont eu à leur disposition une succession de baignoires où s'ébrouer. La rénovation prochaine de leur cadre de vie leur garantira l'accès à un point d'eau naturel.

En dépit des circonstances malheureuses qui ont réuni en Géorgie un lion, un tigre et un ours, nés chacun sur un continent distinct, ceux-ci forment aujourd'hui une famille, sans soupçonner leurs différences génétiques, ni l'éloignement de leur habitat naturel. « Ils seront toujours ici chez eux, estime Jama. Nous leur souhaitons une longue vie prospère, en compagnie les uns des autres. »

KENYA

La lionne et le bébé oryx d'Afrique de l'Est

Dans la réserve nationale Samburu du Kenya, des rivières aux eaux troubles serpentent à travers la brousse, entre des collines herbeuses. Sur ces étendues où hippopotames, éléphants, zèbres, girafes, félins et singes qui piaillent se désaltèrent aux mêmes points d'eau, des bergers nomades amènent paître leur bétail et leurs chèvres. Voilà le décor où la nature a rompu un beau jour avec ses habitudes pour donner naissance à une légende animalière.

On eût cru l'illustration d'une parabole biblique : un lion et un bébé oryx étendus l'un auprès de l'autre, en paix. Les autochtones y virent un message du ciel. Ils baptisèrent le lion Kamunyak — c'est-à-dire « le bienheureux » — et

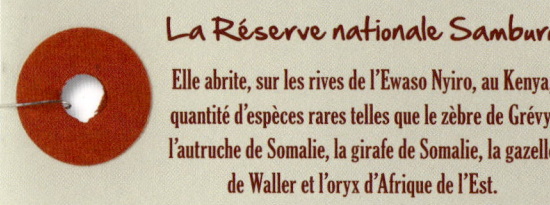

La Réserve nationale Samburu

Elle abrite, sur les rives de l'Ewaso Nyiro, au Kenya, quantité d'espèces rares telles que le zèbre de Grévy, l'autruche de Somalie, la girafe de Somalie, la gazelle de Waller et l'oryx d'Afrique de l'Est.

accoururent, de toute la brousse, assister au prodige en espérant que l'harmonie durerait.

Saba Douglas-Hamilton, une anthropologue chargée de la protection des éléphants, observa plus de deux semaines le prédateur, féroce par nature, protégeant une créature qu'il aurait dû considérer comme sa proie.

Au début, l'oryx était à peine capable de se tenir debout. Quant au lion, ou plutôt la lionne, au museau rose, bien que trop jeune pour avoir donné naissance à des petits, elle avait l'âge de chasser pour se nourrir. Sans que l'on sût pourquoi, la lionne séparée de sa horde adopta toutefois l'oryx et le traita « de la même manière qu'un petit ». Ils se promenaient côte à côte et dormaient ensemble, comme s'ils ne faisaient qu'un.

La lionne parut un temps tiraillée entre son envie de pouponner et son instinct de chasse. Ce fut son côté protecteur qui l'emporta : nuit et jour, elle garda près d'elle l'oryx, qu'elle léchait précautionneusement. L'oryx, en l'absence de congénères sur lesquels calquer son comportement, n'avait pas peur, loin de soupçonner qu'un prédateur se tenait à son côté. Il essaya même de téter la lionne. Un oryx en pleine croissance a toutefois besoin de lait riche en lipides, qu'un lion n'est pas en mesure de lui fournir. L'oryx dépérit à vue d'œil, au point qu'il faillit mourir de faim. La lionne, quant à elle, ne voulait pas s'éloigner de lui, même le temps de chasser, de sorte qu'elle aussi souffrit de malnutrition ; plus léthargique d'un jour à l'autre. Saba interrogea des experts du monde entier, en quête d'une explication. Tous partagèrent sa perplexité : aucun rapprochement de ce genre n'avait été jusque-là observé chez des animaux sauvages. Bien qu'il arrive à de jeunes lions de « jouer » un temps avec un animal captif avant de le manger, la lionne ne semblait pas avoir l'intention de dévorer son ami. « Kamunyak et l'oryx forment un paradoxe vivant [...] Leur intimité défie les lois de la nature », estime Saba. Or l'un comme l'autre risquaient d'en mourir.

Des autochtones se portèrent au secours des animaux en leur apportant à manger. En vain : la lionne refusa la nourriture pour s'enfoncer de plus belle dans le sommeil. Sa relation avec l'oryx devait bientôt se terminer. Un jour particulièrement chaud, alors que Kamunyak, affaiblie, se reposait dans l'herbe, l'oryx s'éloigna et un lion l'emporta. Kamunyak se leva d'un bond et se lança à ses trousses mais, impuissante à sauver son « petit », elle dut se contenter de renifler son sang avant de regarder son congénère le dévorer.

Le lendemain, comme si elle s'arrachait à un rêve, la lionne se mit enfin à chasser : elle se régala d'un phacochère, et récupéra. Mais elle ne reprit pas la vie normale d'un lion. Les mois suivants, Kamunyak adopta cinq autres bébés oryx pendant de brèves périodes avant de disparaître ; ce qui épaissit encore le mystère qui l'entourait.

Comment expliquer son improbable comportement ? Saba pense que la lionne perdit confiance en elle à un stade critique de son développement. « Le traumatisme qu'elle a subi a sans doute aggravé sa curieuse obsession. » Quelle que soit la cause de sa réaction vis-à-vis de l'oryx, la lionne demeure une énigme aux yeux des scientifiques — et aux nôtres, un fabuleux sujet d'émerveillement.

Oryx d'Afrique de l'Est
RÈGNE : Animalia
EMBRANCHEMENT : Chordata
CLASSE : Mammalia
ORDRE : Artiodactyla
FAMILLE : Bovidae
GENRE : Oryx
ESPÈCE : Oryx beisa

CHINE

Le macaque et la tourterelle

S ur une île du delta de la rivière des Perles, dans la province de Guangdong, le long de la côte méridionale de la Chine, règnent en maîtres les macaques rhésus. Protégés par la loi, ils évoluent par centaines, auprès de pythons et de fourmiliers écailleux, dans la réserve naturelle nationale de l'île Neilingding, un paradis sauvage de huit cents hectares. Dans ce décor de forêts de mangrove, un macaque se fit un beau jour un ami à plumes.

Luo Hang, responsable de la protection des animaux sur l'île montagneuse, raconte qu'en septembre 2007, une tourterelle blanche se posa près d'un bâtiment, sans manifester l'intention de repartir. On eût dit qu'elle venait de perdre son compagnon. Comme les tourterelles sont des symboles de paix et de longévité, Luo et son équipe réservèrent un bon accueil à l'oiseau, qu'ils estimèrent âgé de trois ans. Ils le nourrirent de barbes de maïs, et le placèrent dans une cage en fer. La présence d'une bague métallique à sa patte convainquit Luo que la tourterelle était suivie dans le cadre d'une étude sur les migrations aviaires : mieux vaudrait donc la relâcher, au prochain changement de saison.

Macaque rhésus
RÈGNE : Animalia
EMBRANCHEMENT : Chordata
CLASSE : Mammalia
ORDRE : Primates
FAMILLE : Cercopithecinae
GENRE : Macaca
ESPÈCE : Macaca mulatta

Un jour qu'il patrouillait l'île — célèbre pour sa réserve mais aussi parce qu'y débarqua le premier bateau à pavillon européen en Chine, en 1513 —, un employé de la réserve découvrit un bébé macaque, seul, désorienté, affaibli. À trois mois à peine, il était trop jeune pour survivre, livré à lui-même, dans la forêt où le menaçaient des pythons et d'autres prédateurs. L'employé amena le petit animal aux yeux écarquillés, qui s'accrochait à lui, au bâtiment central, où il ne tarda pas à faire la connaissance d'un autre hôte, à plumes celui-là.

Pendant deux mois, le macaque et la tourterelle vécurent l'un auprès de l'autre, pour le plus grand ravissement du personnel et des visiteurs. Ensemble, ils grignotaient du maïs : le singe en tournait et retournait les grains entre ses petites mains en piaillant, tandis que l'oiseau roucoulait et picorait ceux qui tombaient à terre. Le soir venu, ils s'endormaient côte à côte dans leur cage, en se servant l'un de l'autre comme d'un oreiller et d'une couverture. « Il arrivait au singe de se montrer espiègle, raconte Luo Hang, comme s'il s'amusait aux dépens de la tourterelle », même s'il lui témoignait de l'affection. « Si seulement la tourterelle avait eu des bras pour le serrer contre elle ! » Des gens vinrent d'un peu partout voir ce drôle de couple se prodiguer des attentions mutuelles.

Sachant que les deux animaux s'épanouiraient plus en liberté, le personnel de la réserve décida de les relâcher, en commençant par la tourterelle qui, le moment venu, prit son envol. Luo revint à l'endroit où le macaque avait été découvert et, à sa grande joie, y trouva sa famille, de retour sur son territoire. Le petit rejoignit la troupe sans heurt. Une fois le singe et l'oiseau de retour dans leur habitat naturel, une question demeure : leurs chemins se croiseront-ils à nouveau ? Et si oui, se reconnaîtront-ils ?

Tourterelle

RÈGNE : Animalia
EMBRANCHEMENT : Chordata
CLASSE : Aves
ORDRE : Columbiformes
FAMILLE : Columbidae
GENRE : Streptopelia
ESPÈCE : Streptopelia risoria

INDONÉSIE

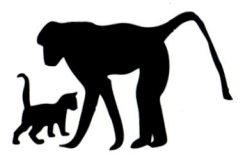

Le macaque et le chaton

Dans une forêt sacrée appartenant à la commune d'Ubud, sur l'île indonésienne de Bali, les singes s'ébattent en liberté, parmi les ruines d'un temple hindou vieux de plusieurs siècles. De nombreux villageois sont convaincus que les macaques crabiers protègent le site des mauvais esprits.

L'un d'eux mit son instinct de protection au service d'une tâche moins pieuse : s'occuper d'un chaton batailleur, qui s'était un peu trop approché de lui.

Il n'y a rien de surprenant à ce que trois cents macaques, répartis en quatre troupes occupant chacune un territoire dans une zone circonscrite, rencontrent parfois d'autres animaux à proximité du temple. Le lien noué par le macaque avec le chaton parut toutefois extraordinaire à ceux qui en furent témoins — et, parmi eux, Anne Young, en vacances à Bali à ce moment-là.

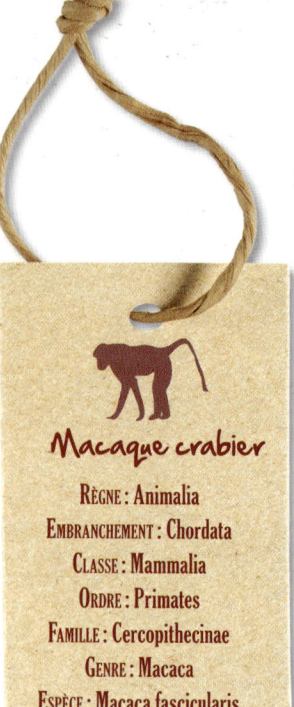

Macaque crabier
Règne : Animalia
Embranchement : Chordata
Classe : Mammalia
Ordre : Primates
Famille : Cercopithecinae
Genre : Macaca
Espèce : Macaca fascicularis

« Voilà plusieurs jours qu'ils ne se quittaient plus. Dès que le personnel du parc essayait de capturer le chaton, celui-ci courait retrouver le singe », raconte Anne. Le macaque, un jeune mâle, faisait la toilette de son ami le félin, le câlinait et frottait son museau contre celui du chat, en allant même jusqu'à poser sa tête sur la sienne, comme sur un oreiller. Bien que les macaques soient des animaux sociables ne craignant pas la proximité des hommes, celui-là voulait garder pour lui seul son ami le chaton. Méfiant envers les primates de son entourage, quand d'autres bipèdes s'approchaient trop, il essayait de dissimuler le chat — qu'un jour, il couvrit d'ailleurs d'une feuille —, s'enfonçait avec lui dans la forêt ou s'élevait en grimpant, le félin dans les bras.

Les occasions ne manquèrent pas au chat de s'échapper, « pourtant, il n'en profita pas », affirme Anne. Cela ne lui

La forêt des singes d'Ubud
Cette forêt de singes sacrés, qui attire de nombreux touristes à Bali, regroupe au moins cent quinze espèces différentes d'arbres. Plus de trois cents macaques y ont élu domicile.

Le macaque et le chaton

déplaisait pas de se laisser transporter partout par le singe.

Une hiérarchie stricte régit les rapports entre macaques crabiers. Les mâles doivent se montrer dignes des femelles. Celui qui s'occupait du chaton n'avait rien d'un dominateur. Ses congénères ne lui témoignaient sans doute pas beaucoup d'affection. Pas plus que les autochtones, vu qu'ils tiennent les macaques pour nuisibles : ceux d'Ubud s'aventurent en effet dans les champs de riz ou les villages aux alentours de la forêt, saccageant des propriétés privées.

Le chaton, apparemment livré à lui-même, aspirait peut-être à de la compagnie, lui aussi. Par chance pour le primate sauvage et le félin abandonné, ils trouvèrent, l'un chez l'autre, ce qu'ils cherchaient, parmi les ruines du temple d'Ubud.

MONTANA, ÉTATS-UNIS

La jument et le faon

Bonnie, un croisement entre un Morgan et un Quarter horse, n'avait que dix mois quand elle rejoignit la ferme de la famille Muth, dans le Montana. Tout le monde l'adorait, en particulier Denise, qui, à douze ans, raffolait des animaux. La petite fille devint tout de suite l'amie de Bonnie. Pendant six ans, des liens très forts se tissèrent entre elles.

Un matin qu'il neigeait, peu après son dix-huitième anniversaire, Denise mourut dans un accident de voiture, laissant ses parents inconsolables. Bob Muth explique que Bonnie, qui faisait en quelque sorte partie de la famille, incarna désormais à leurs yeux un ultime lien avec leur fille, sa meilleure amie.

Cerf de Virginie
RÈGNE : Animalia
EMBRANCHEMENT : Chordata
CLASSE : Mammalia
ORDRE : Artiodactyla
FAMILLE : Cervidae
GENRE : Odocoileus
ESPÈCE : Odocoileus virginianus

En avançant en âge, la jument, d'un naturel déjà doux au départ, se montra de plus en plus prévenante. « C'est le cheval le plus affectueux que j'aie connu, affirme Bob. Elle nous aurait suivis chez nous si elle avait trouvé le moyen de gravir les marches du seuil. »

Sa réaction face à un faon, un beau jour de printemps, bien que remarquable, n'a donc rien d'étonnant, en un sens.

Un couple de coyotes, qui se nourrissait des marmottes pullulant aux environs, avait élu domicile à l'orée d'un champ appartenant aux Muth. Cette année-là, ils ne donnèrent naissance qu'à un petit. La première semaine de juin, Bob jetait un coup d'œil par la fenêtre de sa cuisine quand il aperçut un cerf de Virginie en train de mettre bas, non loin de l'étable.

Les coyotes aussi le repérèrent. Or, à l'évidence, ils comptaient éloigner le faon de sa mère. « Un coyote tenta de détourner l'attention de la biche en l'incitant à le pourchasser, pendant que son petit à lui tournait autour, mine de rien, relata Bob après l'incident. J'ai aussitôt voulu "mettre des bâtons dans les roues de la nature". » Bonnie intervint toutefois avant lui. Stupéfait, Bob la vit s'interposer entre les coyotes et le faon, dans l'intention de le protéger. Au soulagement de Bob, les coyotes renoncèrent à s'en prendre au petit animal, en voyant Bonnie, dressée de toute sa hauteur devant lui. « Elle

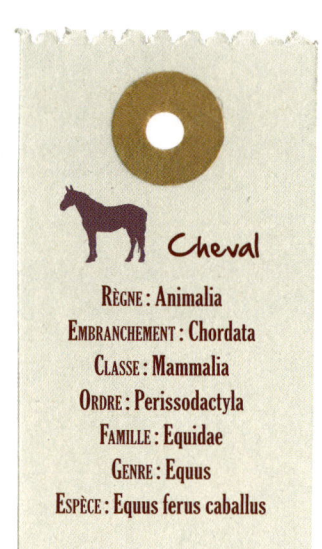

Cheval
RÈGNE : Animalia
EMBRANCHEMENT : Chordata
CLASSE : Mammalia
ORDRE : Perissodactyla
FAMILLE : Equidae
GENRE : Equus
ESPÈCE : Equus ferus caballus

n'a même pas dû leur donner la chasse. Ils ont compris qu'ils n'avaient aucune chance contre elle. »

Une fois écarté le danger, Bonnie hennit doucement et se pencha pour lécher le nouveau-né, comme elle eût léché son poulain, en incitant celui-ci à se dresser sur ses

pattes. « Le faon voulut téter Bonnie et parut frustré de ne pas atteindre ses mamelles, à cause de sa taille », se rappelle Bob.

La rencontre dura une vingtaine de minutes. La biche, à bout de souffle, épuisée par l'accouchement, assista à la scène, à quelques pas de distance. Sitôt remise sur pattes, elle expulsa de l'air par les naseaux, afin d'attirer l'attention du faon, et se dirigea vers la clôture, en jetant un coup d'œil derrière elle, pour s'assurer qu'il la suivait. Là-dessus, ils disparurent. « Bonnie étira le cou par-dessus la barrière et les suivit du regard, en hennissant », raconte Bob.

La bienveillance de sa jument réchauffa le cœur de Bob, bien qu'il n'en attendît pas moins de l'animal tendre et affectueux qui avait apporté tant de joie à sa famille et continuait de lui rappeler sa fille trop tôt disparue.

JAPON

Les singes écureuils et les capybaras

L'un vit dans les cimes, l'autre ne quitte pas le plancher des vaches. L'agile saïmiri bondit d'un arbre à l'autre. Le capybara, lui — le plus gros rongeur d'Amérique du Sud (un genre de cochon d'Inde géant) —, se faufile entre des herbes, quand il ne se prélasse pas dans un ruisseau. Des représentants des deux espèces vivent malgré tout en bonne intelligence dans des zoos du monde entier, où ils se rencontrent à mi-hauteur.

Dans la nature, il n'est pas impossible qu'ils se retrouvent nez à nez parmi les régions les plus sauvages d'Amérique du Sud, où ils occupent un même habitat densément boisé, à proximité de points d'eau. Par chance pour le

Saïmiri

Règne : Animalia
Embranchement : Chordata
Classe : Mammalia
Ordre : Primates
Famille : Cebidae
Genre : Saïmiri
Espèce : Simia sciureus

personnel des zoos, ils n'entrent pas en compétition pour s'approprier l'espace, vu que chacune des deux espèces s'épanouit dans sa propre niche écologique ; ce qui ne les empêche pas d'interagir d'une curieuse façon.

Bien qu'aucun explorateur du bassin amazonien n'ait vu de capybara transporter un singe ni de saïmiri pourchasser un rongeur en s'accrochant à ses pattes, c'est ce qui se passe au zoo de Tobu, près de Tokyo. Il arrive même aux singes de se servir des rongeurs comme d'un escabeau pour se hisser dans les arbres, de piquer un somme sur leur dos et de couvrir de « baisers » leurs énormes têtes.

« Parfois, un saïmiri ouvre la bouche d'un capybara comme pour lui demander ce qu'il mange, raconte le principal gardien du zoo, Yasuhiro Shimo. Les capybaras, d'un naturel placide, ne paraissent pas s'en formaliser. Les singes, malicieux, aiment se dépenser. » Exceptionnellement, un capybara, « agacé, se secoue jusqu'à ce que le singe dégringole de son dos ».

Bien qu'ils n'aient pas le même goût pour l'activité physique — le singe, qui ne tient pas en place, bondit d'une branche à l'autre, tandis que le gros rongeur se déplace peu, et lentement —, saïmiris et capybaras ont de nombreux points communs. Aussi sociables les uns que les autres, ils vivent en groupes, qui rassemblent jusqu'à une centaine d'individus. Tous deux aiment les fruits (même si les singes ne dédaignent pas les insectes). Enfin, ils n'hésitent pas à donner de la voix : les saïmiris piaillent quand ils s'adressent à leurs petits ou leurs partenaires et hurlent sous la menace. Les rongeurs, eux, ronronnent, aboient, glapissent ou grognent, selon les circonstances.

Malgré tout, le rapprochement des deux espèces ne va pas toujours sans heurt. Dans un autre zoo, au Japon, un incident se produisit, il y a quelques années, lorsqu'un singe, sans le vouloir, fit peur à un capybara, qui, pour se défendre, le mordit au cou. Le singe y laissa la vie. Les responsables du zoo y voient cependant un événement isolé : jusque-là, ils n'avaient jamais vu les deux animaux s'en prendre l'un à l'autre. Dans l'ensemble, ils cohabitent pacifiquement.

À Tobu, l'espace dédié au saïmiri et au rongeur compte parmi les favoris du public. « Difficile de ne pas sourire, quand on voit le paisible capybara face au singe espiègle, commente le gardien. Les visiteurs adorent quand le capybara joue les "taxis" en transportant le singe sur son dos. »

Capybara
Règne : Animalia
Embranchement : Chordata
Classe : Mammalia
Ordre : Rodentia
Famille : Hydrochaeridae
Genre : Hydrochoerus
Espèce : Hydrochoerus hydrochaeris

FLORIDE, ÉTATS-UNIS

Le mouflon et l'éland

À moins d'être incollable en matière d'ongulés, ce qui n'est tout de même pas le cas de beaucoup, vous vous demandez peut-être ce qu'est un mouflon. Et un éland ? Ça vous dit quelque chose ?

Le mouflon — le plus petit des béliers sauvages — se cache dans les hautes montagnes boisées d'Irak et d'Iran. Il a par ailleurs été introduit, il y a bien longtemps, sur le continent européen ainsi que dans certaines îles de la Méditerranée, et depuis peu, dans des ranches aux États-Unis.

L'éland — une antilope qui parcourt les plaines d'Afrique — se nourrit de plantes et vit en général auprès de ses semblables, même si, à l'état sauvage,

Éland
Règne : Animalia
Embranchement : Chordata
Classe : Mammalia
Ordre : Artiodactyla
Famille : Bovidae
Genre : Taurotragus
Espèce : Taurotragus oryx

ils ne nouent entre eux que des liens assez lâches et quittent fréquemment une troupe d'une centaine d'individus pour une autre.

Voilà plus de quinze ans, lorsqu'un mouflon rencontra un éland femelle au parc animalier du comté de Palm Beach, en Floride, une attraction irrésistible les rapprocha l'un de l'autre. Le responsable de la faune sauvage du parc, Terry Wolf, prétend que ce fut là le début d'une histoire d'amour, « du moins, en admettant que les animaux soient capables d'aimer et pas seulement de s'accoupler ! »

Le mouflon, un vieux mâle, genre de Casanova aux pieds fourchus, ne comptait plus ses conquêtes. Qu'allait-il devenir parmi les élands ?

« Il s'est passionnément attaché aux pas de cette femelle ! raconte Terry. Quand elle s'arrêtait pour brouter, il lui donnait un petit coup de pied, sur la patte arrière, comme pour l'inciter à se baisser, à se mettre à son niveau. Il est vrai qu'il est plus petit qu'elle. » Une fois la femelle éland allongée sur le sol, le mouflon, en vrai gentleman, prenait place à son côté.

Un seul éland a retenu l'attention du mouflon. Il ne s'occupe absolument pas des autres femelles. « Aussi touchante que soit leur liaison, elle ne débouchera sur rien de concret », reconnaît Terry. Le mouflon ayant déjà dépassé de vingt ans son espérance de vie, il peine à suivre le

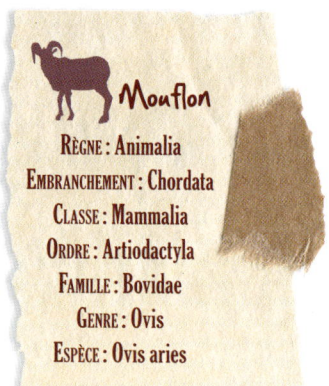

Mouflon
Règne : Animalia
Embranchement : Chordata
Classe : Mammalia
Ordre : Artiodactyla
Famille : Bovidae
Genre : Ovis
Espèce : Ovis aries

rythme de sa bien-aimée, ce qui rend ses avances encore moins susceptibles d'aboutir.

La femelle éland, pour sa part, se montre parfois hautaine — elle rumine en tournant le dos à son prétendant —, même si cela ne lui déplaît pas de se laisser courtiser. « À mon avis, le mouflon se satisfait d'être toléré, estime Terry. Le plus important, pour nous, c'est qu'elle l'incite à aller et venir, et donc à garder la forme. »

OHIO, ÉTATS-UNIS

La biche myope et le caniche

Laissez-moi vous présenter Dillie : une biche apprivoisée amateur de café et amie des chiens, à laquelle il arrive de dormir dans le lit de son maître. En dépit de sa taille assez encombrante, elle a trouvé sa place parmi la ménagerie de la vétérinaire Melanie Butera, dans une banlieue de l'Ohio.

Quand la petite Dillie, née dans une ferme, arriva à la clinique pour animaux Elm Ridge à Canal Fulton, quasi aveugle de naissance et mal en point, elle ne parvenait ni à se nourrir ni à se dresser sur ses pattes. Melanie résolut de s'occuper d'elle à son domicile, où vivaient déjà son mari, leurs deux enfants, Lady le caniche, Spaz et Neffie les chats et Screamie l'oiseau — sans parler de l'étable remplie d'animaux, au fond du jardin.

À l'exception de Screamie, qui ne garda pas un bon souvenir de son premier contact avec Dillie (la biche l'attrapa par les plumes de sa queue pour la lancer en l'air), tous ceux qui la côtoyaient se prirent d'affection pour elle. Les chats, appréciant sa chaleur, se blottissaient contre son pelage, et la laissaient volontiers faire leur toilette. La meilleure amie de Dillie reste tout de même Lady. « Lady a beaucoup réconforté Dillie, les premières semaines ; la petite biche effrayée s'allongeait à côté d'elle sur le divan ou le lit, pendant que la chienne la léchait. À présent, c'est Dillie qui lèche le dos et la tête du caniche et lui mordille les oreilles. Il arrive alors à Lady de montrer les dents ou de mordre la biche pour jouer », mais elle ne lui fait aucun mal. Lady s'amuse à voler à Dillie des animaux en peluche, qu'elle balade fièrement dans toute la maison, en les abandonnant sur le chemin de la biche, qui trébuche ensuite dessus.

Ensemble, chienne et biche jouent des tours à leur maître. Lady incite Dillie à s'emparer, en dépit de sa mauvaise vue, de sachets de chips sur des étagères en hauteur, avant de les partager avec elle. Lady essaie de chaparder de la nourriture à Dillie, qui a développé un goût surprenant pour les spaghettis, la glace, le café noyé dans le lait et — sa friandise favorite — les roses (qu'elle broie sous ses dents comme des bonbons). Fidèle à sa nature, elle détruit de bon cœur les plantes du jardin des Butera pendant que Lady paresse à proximité.

Un temps, Dillie et Lady se mirent en tête de partager le lit de leur maître. « Je suis un oiseau de nuit, explique Melanie. Je me couche après tout le monde. Il m'est arrivé de ne même pas trouver la place de m'allonger. » Sans compter que les pieds fourchus du cerf lui rentraient dans le dos. Heureusement, les animaux résolurent d'eux-mêmes le problème. Se sentant à l'étroit, Lady finit par s'installer sur un lit d'appoint. Dillie, elle, s'appropria une chambre d'amis. Aujourd'hui, Lady rejoint souvent la biche dans « sa » chambre pendant la sieste, même quand les autres lits sont libres.

Curieusement, Dillie a peur de la plupart des chiens, même en bas âge. « Sa queue se hérisse et elle trépigne » quand l'un d'eux s'approche d'elle. En revanche, elle tolère parfaitement le caniche. « Dillie a grandi auprès de Lady, qu'elle considère comme un membre de la famille. »

Le caniche

Ce chien, parmi les races les plus populaires aux États-Unis, est doté d'une intelligence exceptionnelle, qui le rend facile à dresser. Élevé à l'origine en tant que chien de chasse capable de nager, le caniche est surtout connu pour sa toison frisée.

Cerf de Virginie

RÈGNE : Animalia
EMBRANCHEMENT : Chordata
CLASSE : Mammalia
ORDRE : Artiodactyla
FAMILLE : Cervidae
GENRE : Odocoileus
ESPÈCE : Odocoileus virginianus

FLORIDE, ÉTATS-UNIS

L'orang-outang et le chaton

Les journalistes n'en ont eu que pour Koko. Le célèbre gorille n'est pourtant pas le seul grand singe auquel un chat ait apporté du réconfort. Prenez Tonda, un orang-outang femelle qui vit à ZooWorld, à Panama City, en Floride, depuis onze ans. Pas très démonstrative en dehors des rares fois où elle tenait la main de son partenaire ou le bisouillait à la dérobée, elle méritait *a priori* sa réputation de singe peu affectueux. La mort du mâle qui partageait sa vie lui porta tout de même un rude coup, au point qu'elle perdit peu à peu l'appétit et sa joie de vivre. Le personnel de ZooWorld lui proposa d'égayer son quotidien par de multiples activités, allant du jeu à la peinture. Sans résultat :

Orang-outang

RÈGNE : Animalia
EMBRANCHEMENT : Chordata
CLASSE : Mammalia
ORDRE : Primates
FAMILLE : Hominidae
GENRE : Pongo
ESPÈCE : Pongo borneo

Tonda se repliait sur elle-même. Faute de partenaire disponible, les gardiens du zoo résolurent de trouver à l'orang-outang, à l'âge déjà bien avancé, un ami d'une autre espèce.

Un chat roux, par la suite appelé T. K. (pour Tonda's Kitty : le chaton de Tonda), fut progressivement introduit auprès du primate. « Au début, nous les laissions s'observer mais pas se toucher, afin d'étudier leur réaction », se rappelle une responsable du zoo, Stephanie Willard. Des contacts furent ensuite autorisés entre les deux animaux — brefs pour éviter que Tonda ne s'excite. Le temps passant, « elle se fâcha de plus en plus quand on lui enlevait le chaton. Elle le considérait comme le sien ! » Pour finir, « nous avons satisfait sa volonté en les réunissant pour de bon. Une fois leur relation établie, ils sont devenus inséparables ».

T. K. était tout pour Tonda. Quand elle ne le sentait pas auprès d'elle, elle suivait de l'œil ses mouvements. À l'heure de la sieste, elle étendait sur lui une couverture et secouait une barbe de maïs devant son museau, pour l'inciter à l'attraper. Le soir venu, elle le prenait dans ses bras et l'emmenait se coucher. T. K. « aimait donner de l'affection au primate » en se frottant contre

L'orang-outang et le chaton

ses jambes, en lui léchant et lui mordillant les mains et les pieds. Il s'épanouit grâce aux soins que lui prodiguait son amie le singe.

« N'oublions pas, cependant, qu'à l'origine la femelle orang-outang, peu docile, ne se laissait pas faire. » Les orangs-outangs peuvent s'avérer très dangereux, or les instincts sauvages de Tonda continuaient de s'exprimer. Son naturel un peu rude et distant ne l'empêcha pas de se découvrir un ami en T. K. « Leur attachement était cent pour cent sincère. On ne reconnaît pas comme elle le mérite la capacité des animaux à exprimer des émotions », estime Willard. Surtout, « les liens qu'ils ont noués ont beaucoup compté pour Tonda et l'ont aidée, au physique comme au mental. En un sens, ils lui ont sauvé la vie ».

INDONÉSIE

Les bébés orangs-outangs et les petits tigres

Au zoo de Cisarua, en Indonésie, la naissance en captivité de deux portées d'animaux, à quelques mois d'intervalle, créa l'événement. Des tigres jumeaux de Sumatra et deux orangs-outangs, à peine plus âgés qu'eux, partagèrent, un temps, une chambre dans la nursery du parc animalier. Les parents des primates, pas plus que ceux des félins, ne semblaient en mesure, ni même désireux, de s'occuper de leurs petits. Le personnel décida donc de les élever comme des frères.

Quand Nia et Irma, les orangs-outangs, retrouvaient Dema et Manis, les tigres, en journée, ils semaient la zizanie. « Comme la plupart des très jeunes

Tigre de Sumatra

RÈGNE : Animalia
EMBRANCHEMENT : Chordata
CLASSE : Mammalia
ORDRE : Carnivora
FAMILLE : Felidae
GENRE : Panthera
ESPÈCE : Panthera tigris sumatraet

animaux, ils batifolaient ensemble, en courant en tous sens, raconte Sharamy Prastiti, chargé de veiller sur les pensionnaires du zoo. Parfois, un orang-outang sautait sur le ventre d'un tigre qui, en retour, lui mordait l'oreille. Ils adoraient se taquiner, tels des enfants. » À l'heure de la sieste, les animaux remuants s'effondraient en un tas de fourrure, d'où provenaient des ronflements. Orangs-outangs et tigres raffolaient des câlins et se plaisaient au contact les uns des autres.

Le personnel du zoo prit l'habitude d'éloigner, de plus en plus longtemps, les tigres des orangs-outangs, au fur et à mesure de leur croissance, dans l'intention de les séparer pour de bon, quand les félins auraient cinq mois. « Beaucoup plus grands que les singes et débordant d'énergie, ils risquaient dès lors de les malmener », explique Sharamy.

Quand ils durent se séparer pour de bon, « ils n'en avaient aucune envie. On eût dit qu'il leur manquait quelque chose. Ils produisirent des bruits étranges. Un peu comme des sanglots », commente Sharamy. Au bout d'une semaine à peu près, « ils s'habituèrent à l'absence de leurs anciens camarades de jeux ». À présent, pour leur propre sécurité, tigres et singes n'ont plus de contact. Bien que les orangs-outangs se nourrissent de fruits, l'instinct des tigres, carnivores, les pousse à chasser. Fini, les amusements des premiers temps !

La proximité des singes et des félins, au tout début de leur vie, semble toutefois leur avoir réussi. L'une et l'autre espèces ont malheureusement en commun d'être menacées d'extinction à l'état sauvage.

Les bébés orangs-outangs et les petits tigres

La population des tigres de Sumatra, qui ne vivent que sur une seule des îles de l'archipel indonésien, se limite aujourd'hui à environ cinq cents individus. Le nombre d'orangs-outangs en liberté décline lui aussi. Les félins, comme les grands singes, doivent lutter contre les hommes qui colonisent leur habitat — un problème dont la solution n'a rien d'évident.

ANGLETERRE

Le grand-duc d'Amérique et l'épagneul

A u centre de protection des oiseaux de proie de Liskeard, en Cornouailles, un épagneul répondant au nom de Sophi a développé un goût prononcé pour les grands-ducs. Heureusement, elle ne les dévore pas : elle les lèche, et les rapaces lui rendent bien son affection.

Les épagneuls anglais — des chiens de chasse, à l'origine — excellent à repérer puis rapporter des oiseaux. Sophi a toutefois substitué à son instinct prédateur des penchants plus aimables.

En principe, Sharon Bindon, la conservatrice du centre, n'amène pas d'oiseaux chez elle. D'ailleurs, Sophi n'avait pas eu l'occasion d'en voir de près avant la venue de Bramble. À son arrivée à Liskeard, le grand-duc, âgé d'à peine deux semaines et dépourvu de plumes, n'était pas de taille à se retrouver dans une volière. Sharon consentit donc à une exception en sa faveur, et lui ouvrit sa porte.

« Ce jour-là, Sophi, trois ans à l'époque, a bondi sur le canapé pour examiner le nouvel arrivant, sur mes genoux, explique Sharon. Elle a léché affectueusement le bec de Bramble. C'est devenu par la suite un rituel quotidien. »

Bramble disposait de sa propre cage au salon. Chaque fois que Sophi passait à proximité, il battait des ailes comme s'il dansait, jusqu'à ce qu'on le laisse sortir et rejoindre le chien, qui faisait sa toilette ou le câlinait. « Quand Sophi n'était pas là, Bramble partait à sa recherche, poursuit Sharon. Les manifestations de tendresse n'allaient pas que dans un sens : Bramble donnait de petits coups de bec à Sophi, en remerciement de ses baisers. »

Le soir, il arrivait à l'oiseau de se blottir contre le chien. Ils s'endormaient alors l'un auprès de l'autre. « Bramble ne retournait dans sa cage qu'une fois le reste de la maisonnée au lit. »

Dès que le grand-duc eut recouvré des forces, il gagna la volière, où il put dès lors se déplacer plus librement. À en croire Sharon, il se pose régulièrement à la hauteur de Sophi, afin de passer du temps en sa compagnie, désireux de se laisser bichonner.

Grand-duc d'Amérique

RÈGNE : Animalia
EMBRANCHEMENT : Chordata
CLASSE : Aves
ORDRE : Strigiformes
FAMILLE : Strigidae
GENRE : Bubo
ESPÈCE : Bubo virginianus

L'épagneul

La réputation de l'épagneul anglais — doux et facilement liant : le compagnon idéal de la famille, en somme — lui vient à l'origine de sa capacité à débusquer le gibier.

ANGLETERRE

Le hibou et le lévrier anglais

En voilà, une curieuse histoire ! Elle a pourtant commencé le plus normalement du monde : avec un chien vautré sur un canapé. Un examen plus attentif révèle toutefois un hibou moyen-duc entre ses pattes. Tiens ! Ils regardent tous les deux la télé.

Voici Torque le lévrier anglais et sa copine Shrek, une femelle hibou en bas âge, que le chien a prise sous sa protection, peu après sa venue au monde, au centre Ringwood des rapaces, dans le Hampshire.

Sitôt éclos l'œuf du hibou moyen-duc, Torque, qui ne tenait plus en place, se mit en tête de le renifler. « Je venais de sortir Shrek de la couveuse quand je sens un museau humide contre ma main, se rappelle John Picton, fauconnier en chef et maître de Torque. Une grosse langue rose est alors apparue, comme si Torque voulait dire bonjour à l'oiseau. Une scène cocasse ! »

Il arrive que certains rapaces tuent un de leurs petits afin d'augmenter les chances de survie de l'autre. Soucieux de soustraire Shrek à un infanticide, John ne le confia pas à sa mère après sa naissance. Il emporta chez lui la petite boule de plumes pour s'en occuper lui-même. Une fois le hibou capable de bien se tenir sur ses pattes, John autorisa Torque à faire avec lui plus ample connaissance. John nourrissait Shrek de rongeurs et de cailles, dans la pièce où Torque prenait lui aussi ses repas, avant de lui présenter l'oiseau à bout de bras, de manière que le chien le renifle et l'examine un peu mieux. Torque léchait le hibou, qui le gratifiait d'un petit coup de bec sur le museau. Ils finirent par « s'attacher l'un à l'autre ; ils se plaisaient vraiment ensemble ». Shrek s'amusait par exemple à demeurer immobile jusqu'à ce que Torque se heurte à lui, sur son chemin. Les deux compères se pelotonnaient sur le canapé, fascinés par les interminables séries *East Enders* et *Coronation Street*. Ils se baladaient ensemble comme des frères. Torque veillait sur son jeune ami à plumes, qu'il suivait dans l'herbe, où celui-ci avançait d'un pas encore mal assuré.

Hibou moyen-duc

Règne : Animalia
Embranchement : Chordata
Classe : Aves
Ordre : Strigiformes
Famille : Strigidae
Genre : Asio
Espèce : Asio otus

Le lévrier anglais

Cette race, la plus ancienne que l'on connaisse, produit des animaux d'un naturel débonnaire. Ce sont des lévriers anglais – les plus rapides du monde – qui participent aux courses de chiens.

Le hibou et le lévrier anglais

Une fois les pattes de Shrek fortifiées par ses promenades au côté de Torque, il s'aperçut qu'il disposait d'autres muscles encore à exercer. Il n'eut pas plus tôt appris à voler qu'il se lança dans l'exploration des alentours. Torque ne put hélas l'accompagner. Le hibou se retrouva peu après dans une volière, auprès d'autres rapaces, tandis que Torque renouait avec sa routine, au ras du sol, plus conscient qu'avant de sa solitude. Chaque fois que Torque passe devant la volière, « un ululement le salue », affirme John. Il semblerait que le chien et l'oiseau soient restés amis — même à distance.

WASHINGTON, ÉTATS-UNIS

L'épagneul papillon et l'écureuil

Tout a commencé par une chute : celle de Finnegan l'écureuil, du haut de l'arbre où sa famille avait élu domicile. Son avenir, pas très brillant lorsqu'il heurta le sol douze mètres plus bas, s'éclaircit quand une passante le découvrit, en train de couiner, au pied du tronc. Elle l'emporta chez une de ses connaissances, une amie des bêtes, prête à lui donner les soins qu'il réclamait.

Habituée à s'occuper d'animaux sauvages en détresse — ratons laveurs blessés, chatons abandonnés ou n'importe quelle créature défavorisée par le sort —, Debby Cantlon recueillit le petit animal, lui donna un nom, le

Épagneul papillon

Son origine remonte aux cours françaises du XVIe siècle, où il tenait lieu d'animal de compagnie. Son nom lui vient de ses oreilles en forme d'ailes de papillon.

réchauffa, le nourrit au biberon et l'installa dans une couverture chauffante sur le plancher de la niche de ses chiens, qui ne l'occupaient pas à ce moment-là.

Mlle Giselle, l'épagneul, s'apprêtait alors à mettre bas. Peut-être en raison de sa maternité prochaine, la chienne se sentit attirée par la drôle de créature amenée là par sa maîtresse et qui n'arrêtait pas de gigoter. « Je suis sortie faire une course, raconte Debby. À mon retour, la niche était vide. » « Maddie », comme l'a surnommée Debby, avait emporté l'écureuil emmailloté dans la salle à manger, le couloir et la chambre, pour le déposer près de son propre lit. « Je l'ai trouvée qui veillait sur l'écureuil comme sur son petit. »

Debby s'attendait qu'une fois les chiots venus au monde la fascination de Maddie pour l'écureuil diminue. Pas du tout : son besoin maternel de savoir l'animal près d'elle s'accrut encore. Le lendemain de l'accouchement, elle partit à la recherche de l'écureuil. Lorsque, de guerre lasse, Debby plaça Finnegan dans le lit de Maddie parmi ses petits, « elle se mit à lui lécher la tête. Elle rayonnait, comme envahie par un sentiment de plénitude, d'accomplissement, face à ses "enfants" réunis. À mon avis, une mère reste toujours une mère. L'instinct de protection se manifeste, même vis-à-vis de ceux qui ne font pas partie de la famille. »

Écureuil gris

RÈGNE : Animalia
EMBRANCHEMENT : Chordata
CLASSE : Mammalia
ORDRE : Rodentia
FAMILLE : Sciuridae
GENRE : Sciurus
ESPÈCE : Sciurus carolinensis

L'épagneul papillon et l'écureuil

Lorsque les chiots, en grandissant, devinrent plus forts que Finnegan, Debby le relâcha, afin qu'il s'accoutume à la vie en pleine nature. Elle espérait en effet qu'il retournerait à l'état sauvage. D'ici là, Maddie gardait un œil sur lui, en attendant qu'il retourne auprès d'elle.

Au crépuscule, Finnegan rentrait à la maison : il grattait à la porte et se jetait dans la mêlée des chiots, en batifolant avec eux. « Comme s'il leur racontait ses aventures de la journée », estime Debby.

Finnegan finit par retourner pour de bon dans la nature. Lorsqu'il cessa de revenir chez elle, Debby s'en attrista. « À la fois pour moi et Maddie. Mais nous avions joué notre rôle : notre mission était terminée. »

ANTARCTIQUE

Le photographe
et le léopard de mer

Il paraît qu'aimer un animal éveille l'esprit. Une brève rencontre avec une créature sauvage a en tout cas profondément ému et réjoui le photographe canadien Paul Nicklen. À l'occasion d'un reportage pour le magazine *National Geographic*, Paul pénétra, en combinaison de plongée, dans le monde glacé du léopard de mer, un magnifique, mais parfois redoutable mammifère marin, qui vit sous la banquise, dans l'Antarctique. Paul se proposait de prendre un maximum de clichés en évitant que les animaux, qui pèsent plus de quatre cents kilos, ne l'attaquent, au risque de le tuer.

Les récits même les plus anciens des explorateurs de l'Antarctique évoquent les léopards de mer, des créatures massives, dangereuses pour les hommes,

Léopard de mer

RÈGNE : Animalia
EMBRANCHEMENT : Chordata
CLASSE : Mammalia
ORDRE : Carnivora
FAMILLE : Phocidae
GENRE : Hydrurga
ESPÈCE : H. Leptonyx

dont elles suivent parfois les déplacements le long des icebergs, en essayant de les attraper. En 2003, un léopard de mer, peut-être tenaillé par la faim, s'en prit à une scientifique qui, à cause de lui, se noya.

Ce qui est arrivé à Paul semble d'autant plus extraordinaire, compte tenu de la mauvaise réputation du léopard de mer. Une femelle de trois mètres soixante de long se prit en effet d'affection pour lui, alors qu'il faisait intrusion dans son monde. Elle tenta même de le nourrir.

Elle commença par ouvrir grande sa gueule devant Paul — une démonstration de force, visant à remettre le photographe à sa place sans pour autant lui faire de mal. Une fois établie sa supériorité, la femelle léopard de mer changea d'humeur. Elle s'approcha de Paul, au point qu'il eût pu la toucher en tendant le bras. Comme si elle prenait la pose face à l'objectif. Plus incroyable encore : elle chassa et tua un pingouin, qu'elle offrit à plusieurs reprises à Paul. On eût dit qu'elle donnait à manger à l'un de ses petits. « Il semblerait que mon état de santé l'ait inquiétée. Elle a dû me trouver trop lent, en tant que prédateur, pour me tirer seul d'affaire », raconte Paul. Face au refus du photographe, méfiant (il lui répugne de s'approcher plus que nécessaire d'une bête sauvage), « la femelle [lui] apporta des pingouins vivants, qu'elle déposa sur [sa] caméra ; dès qu'ils s'enfuirent, elle les [lui] ramena, en [lui] soufflant des bulles au visage, comme si [sa] passivité l'exaspérait ». Elle finit par les dévorer devant Paul « afin de [lui] montrer comment procéder ».

La grâce des proportions et des mouvements de l'animal fascina Paul. Le spectacle d'une telle force, parfois fatale, domptée cette fois-là par des instincts protecteurs, lui coupa le souffle. « Mon cœur battait à tout rompre. Dès qu'elle s'approchait de moi, j'exultais. C'est l'expérience la plus remarquable qui m'ait été donné de vivre avec un animal. »

En l'espace de quelques jours, la créature imposante, d'une vigueur sans commune mesure avec celle de Paul, devint sa fidèle compagne. À la fin du reportage, « il m'en a coûté de lui dire adieu. Je venais de vivre des moments uniques, magiques, que je n'oublierai jamais ».

TEXAS, ÉTATS-UNIS

Le pitbull, le siamois et les poussins

Les poussins en pincent pour Sharky. Ils sont mordus de — mais heureusement pas par — lui. Ces petites boules de duvet se juchent sur son dos, lui donnent des coups de bec sur le museau et se servent de lui comme d'un matelas gonflable dans la piscine. Curieusement, ils raffolent aussi d'un chat siamois baptisé Max, auquel ils obéissent à la patte et à l'œil. Et depuis que le chat a remis le chien en place d'un coup de griffe, Max et Sharky s'entendent comme larrons en foire. Helen Jürlau, leur propriétaire, une Estonienne installée au Texas, estime qu'ils forment un drôle de mélange, parfois détonnant — comme elle en raffole.

Poulet

Règne : Animalia
Embranchement : Chordata
Classe : Mammalia
Ordre : Galliformes
Famille : Phasianidae
Genre : Gallus
Espèce : Gallus gallus

Helen a grandi dans une ferme où l'on élevait des cochons et des vaches et où l'on ramassait des œufs que les poules venaient de pondre, et dont ils gardaient la chaleur. Une fois établie aux États-Unis avec son mari américain, Helen recueillit chez eux des animaux, en commençant par un cochon vietnamien. « Leur présence m'aidait à me sentir chez moi », explique-t-elle. À mesure que s'agrandit son zoo, les relations entre ses pensionnaires prirent des tours inattendus.

Sharky se lança dans l'aventure de la paternité à moins d'un an et adopta face à ses petits l'attitude d'un grand frère fou de joie. « Il avait hâte de s'occuper d'eux, plus encore que leur mère, raconte Helen. Quand je lui demandais : "Où sont tes bébés ?" les yeux brillants, il courait les chercher. » Se joignirent bientôt à eux Max le chat siamois, et les couvées de poussins qui viennent au monde chez Helen, chaque printemps. « Dès qu'il les aperçoit, il ouvre de grands yeux et veut jouer. » Il ne fait aucune différence entre les créatures à poils ou à plumes. « J'ai l'impression qu'il lui tient à cœur de protéger tout ce qui est petit et sans défense — cochons d'Inde, lapins, poulets, cochons… il ne les laisse jamais en paix : tous ont droit à ses bisous. »

Helen prend en photo et filme ses animaux de compagnie, de manière que le monde entier

Pitbull

Les pitbulls ont mauvaise presse : beaucoup les estiment dangereux. Des études ont cependant prouvé qu'ils n'étaient pas plus agressifs que d'autres races : c'est la manière dont ils sont éduqués qui détermine leur comportement.

Le pitbull, le siamois et les poussins

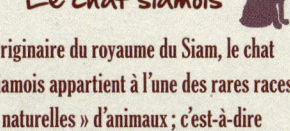

Le chat siamois

Originaire du royaume du Siam, le chat siamois appartient à l'une des rares races « naturelles » d'animaux ; c'est-à-dire qui s'est développée sans l'intervention de l'homme.

soit témoin de leur curieuse amitié. Les scènes enregistrées par son objectif pourraient s'intituler : « Poussins en rang sur le dos d'un chien », « Poussins dévalant le dos d'un chien assis », « Chien, chat et poussins se câlinant les uns les autres », « Poussins chevauchant un chat », « Chat se frottant le museau contre des poussins », « Chien et chat piquant un somme ensemble », « Chien et poussins batifolant dans la piscine », « Chat juché sur un robot aspirateur, donnant des coups de patte à un chien pour le taquiner ». Helen occupe assurément la seule maison du quartier — si ce n'est du monde ? — où des animaux se livrent à de telles facéties.

Ils ne semblent pas se formaliser de la présence d'appareils photo ou de caméras : ils vaquent à leurs occupations, sans se soucier d'être épiés ou non.

Ce sont encore le chien et le chat qui ont tissé entre eux le lien le plus fort. « Ils me font tellement rire, avoue Helen. Parfois, Sharky et Max adoptent la même position, une patte tendue devant eux et l'autre repliée, comme s'ils se moquaient l'un de l'autre. » Il leur arrive aussi de s'étendre, dos à dos, près de la piscine, où ils rêvassent en regardant le ciel.

ALLEMAGNE

Le cochonnet vietnamien et le rhodesian ridgeback

Voici un chien dressé pour chasser le sanglier, le lynx roux et l'ours. Il suffit pourtant de lui présenter un porcelet à la peau fripée en forme de saucisse, pour qu'il fonde et laisse s'exprimer ses instincts maternels.

Par une nuit glaciale de 2009, Roland Adam découvrit sur sa propriété de huit hectares, à Hoerstel en Allemagne, deux cochons nouveau-nés — dont un, mort de froid. Il restait à peine un souffle de vie à l'autre, qui gigotait en tremblant. Un couple de cochons vietnamiens — une variété de porcs plus courts sur pattes et plus trapus que ceux qu'on élève d'ordinaire en ferme — s'était établi sur les terres de Roland, quelques années plus tôt. Ce n'était pas

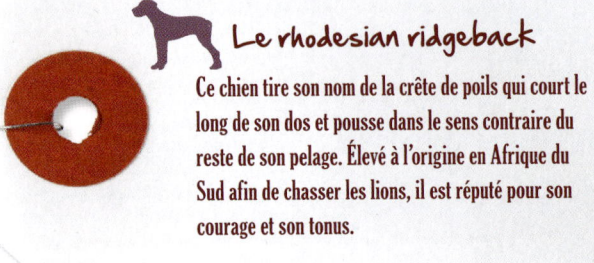

Le rhodesian ridgeback

Ce chien tire son nom de la crête de poils qui court le long de son dos et pousse dans le sens contraire du reste de son pelage. Élevé à l'origine en Afrique du Sud afin de chasser les lions, il est réputé pour son courage et son tonus.

la première fois que la femelle mettait bas. Ce soir-là, Roland dut néanmoins intervenir, convaincu que, sinon, le porcelet mourrait de faim ou de froid, à moins que des renards ne l'attaquent avant l'aube. Il le glissa sous son pull et l'amena chez lui, où vivait Katjinga, une femelle rhodesian ridgeback.

Roland baptisa le porcelet Paulinchen et le confia à sa chienne, qui venait justement de sevrer une portée de chiots. Il prit là une décision inspirée. Katjinga traita le cochonnet comme l'un de ses petits, en le nettoyant et le maintenant au chaud. Le cochon se sentit tout de suite en sécurité auprès d'elle, au point même qu'il essaya de la téter — hélas, la chienne n'avait plus de lait. (Roland et sa famille se chargèrent de le nourrir.)

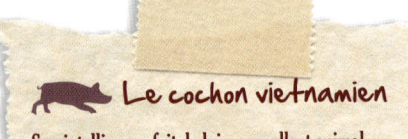

Le cochon vietnamien

Son intelligence fait de lui un excellent animal de compagnie. Il est d'ailleurs possible, avec un peu d'entraînement, de le promener au bout d'une laisse. Son désir permanent de nourriture l'incite cependant à fouiller le sol — et donc à causer des dégâts.

Quelques jours plus tard, alors que chienne et porc s'entendaient comme mère et fils, Roland découvrit la mère biologique de Paulinchen et le reste de sa portée, en bonne santé. Il remercia Katjinga de ses services et ramena le petit égaré auprès de ses frères et sœurs, qui lui firent aussitôt une place parmi eux.

Le cochonnet n'établit avec Katjinga qu'un lien éphémère, mais à un stade décisif de sa

Le cochonnet vietnamien et le rhodesian ridgeback

croissance. De retour auprès des siens, Paulinchen ne se comporta pas tout à fait comme eux — mieux domestiqué, il se sentait plus à l'aise en présence d'autres animaux. « Il nous reconnaît, nous et Katjinga, affirme Roland. Quand nous hélons les cochons à leur passage, Paulinchen dresse la tête et nous regarde. » Il lui arrive même de frotter son groin contre le museau de Katjinga, quand les porcs s'approchent de la maison, attirés par l'odeur d'un repas.

Roland attribue le naturel débonnaire de Katjinga à sa bonne éducation (les ridgebacks ont besoin de vivre en société) et à l'atmosphère particulière dans laquelle la chienne évolue. « Nous habitons une région boisée, très tranquille. Quand des chasseurs se répandent aux alentours, notre ferme sert de refuge aux animaux, qui s'y rassemblent. »

MISSOURI, ÉTATS-UNIS

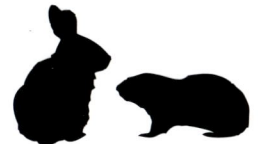

Le lapin et le cochon d'Inde

Être à croquer ne résout pas tout : même les lapins de Pâques se retrouvent parfois à la rue du jour au lendemain. Heureusement, dans le Missouri, Sheryl Rhodes et sa fille Lauren recueillent certains malchanceux au museau rose. Libres d'aller et venir dans la pièce qui leur est réservée, ils profitent de la compagnie de nombreux camarades de jeu, sous l'œil bienveillant et attentif de leurs maîtres.

La famille Rhodes héberge aussi deux cochons d'Inde, Timmy et Tommy. À la mort de ce dernier, les Rhodes présentèrent Timmy à leurs lapins, qui occupaient alors une pièce de trois mètres sur trois mètres cinquante pourvue

Cochon d'Inde

Règne : Animalia
Embranchement : Chordata
Classe : Mammalia
Ordre : Rodentia
Famille : Caviidae
Genre : Cavia
Espèce : C. porcellus

d'une litière et de tout le nécessaire à une vie insouciante. Les trois compères, qui raffolaient des légumes croquants et avaient appris à faire leurs besoins dans la paille, semblaient *a priori* faits pour s'entendre.

Autour d'eux gravitait enfin une tortue, qui restait sur son quant-à-soi.

« Jusque-là, les lapins ne s'étaient pas rapprochés l'un de l'autre, explique Sheryl. Nous avons été ravis que Timmy offre son amitié à Baby — le lapin de Pâques abandonné. Ils se sont témoigné beaucoup de chaleur, en se frottant par exemple le bout du museau. » Lorsque Baby se déplaçait par petits bonds pleins d'entrain, Timmy couinait en trottinant dans son sillage. « La plupart du temps, cela dit, ils flemmardaient ensemble. »

Dès que Sheryl ou Lauren privaient les lapins de la compagnie de Timmy, le temps de s'occuper de lui, Baby partait à sa recherche en enfouissant son museau là où le cochon d'Inde avait l'habitude de se cacher. Les lapins gardaient la possibilité d'échapper à Timmy en se réfugiant dans un carton. Assez vite, l'un des animaux fit un trou dans le fond de la boîte, en la mâchonnant. « Soudain y est apparu Timmy. Je suppose que si Baby n'avait pas voulu de lui, il l'aurait chassé. Sa présence ne semblait pas le gêner. »

Lapin

Règne : Animalia
Embranchement : Chordata
Classe : Mammalia
Ordre : Lagomorpha
Famille : Leporidae
Genre : Oryctolagus
Espèce : Oryctolagus cuniculus

Le lapin et le cochon d'Inde

OHIO, ÉTATS-UNIS

Le rat et le chat

Les rats! De sales animaux nuisibles, vecteurs de maladies, à la longue queue nue, qui trottinent le long de ruelles jonchées de détritus. N'est-ce pas l'image qui vient immédiatement à l'esprit?

Et pourtant! Les rats, d'intelligents mammifères, ne méritent pas leur réputation de n'être bons qu'à fureter partout. Il est vrai que les gros rats d'égout qui pointent à l'occasion leurs museaux hors des caniveaux, en ville, n'inspirent pas la sympathie. Mieux vaut les considérer comme des représentants de l'espèce luttant pour leur survie. Une fois lavés et nettoyés, leurs congénères peuvent devenir d'excellents animaux de compagnie. Contrairement à bien des idées reçues, ils sont sensibles aux chatouilles, et pendant leur sommeil leur viennent des rêves complexes, à propos d'événements récents, tout comme aux humains. L'exemple de Peanut — le rat blanc de Maggie Szpot — prouve enfin la possibilité pour certains rats de s'enticher de leur ennemi juré, le chat.

Rat
RÈGNE : **Animalia**
EMBRANCHEMENT : **Chordata**
CLASSE : **Mammalia**
ORDRE : **Rodentia**
FAMILLE : **Muridae**
GENRE : **Rattus**
ESPÈCE : **Rattus norvegicus**

Maggie s'attendait à ce que la présence de rongeurs réveille l'instinct de chasseur de Ranj — un chat de gouttière, à l'origine. Eh bien, pas du tout ! Ranj ne témoigna que de la curiosité envers les nombreux rats adoptés par Maggie ; y compris Peanut et Mocha, arrivés en même temps sous son toit. « Je les ai d'abord placés à l'abri d'une barrière mais Ranj a bondi par-dessus et s'est mis à les renifler. Il est resté calme — il n'y avait rien d'agressif dans son attitude. »

Peu après leur rencontre, « Peanut se découvrit un faible pour Ranj, qu'il prit l'habitude de suivre partout. Ranj lui rendait son affection, même s'il essayait parfois d'échapper à son ami taquin en sautant sur tout ce qui se trouvait plus haut que le sol. Peanut escaladait les obstacles à sa poursuite. »

Aujourd'hui, Peanut adore se blottir contre Ranj. Il se faufile d'ailleurs sous son ventre, quand celui-ci se tient assis. La présence de Ranj semble apaiser le rat, qui ferme les yeux en se pelotonnant contre sa fourrure, en quête de chaleur. Ranj fait parfois la toilette de Peanut, ou frotte sa tête contre la sienne, quand le rat s'aventure trop près de lui. Peanut, lui, lèche la gueule de Ranj ou grimpe sur son dos quand il s'étire. Bien que Mocha semble moins porté sur le chat, qu'il pourchasse et dont il mordille les pattes, il prend ses repas en compagnie de Peanut et Ranj. Maggie assiste alors à une drôle de scène : les deux rongeurs grignotent des croquettes dans le bol de Ranj, tandis que celui-ci tend le cou entre leurs têtes, le temps d'avaler une bouchée, et tout cela, « le plus naturellement du monde ».

CHINE

Les pandas roux et la chienne qui venait de mettre bas

Qu'elle est précieuse, la vie de ces petits pandas roux ! Et pas seulement parce qu'ils sont à croquer. Leur espèce — bien que protégée par la loi — risque en effet de disparaître à cause de la chasse et des menaces qui pèsent sur leur habitat naturel. La naissance de deux bébés pandas dans un zoo chinois n'en est donc que plus émouvante.

Les pandas roux, également connus sous le nom de petits pandas, ou pandas éclatants, ne sont que lointainement apparentés à leurs grands homonymes noirs et blancs. Bien que plus proches, génétiquement, des ratons laveurs que des chiens, ces deux-là se prirent d'affection pour une « maman » chien, comme si elle faisait partie de leur famille.

Panda roux
Règne : Animalia
Embranchement : Chordata
Classe : Mammalia
Ordre : Carnivora
Famille : Ailuridae
Genre : Ailurus
Espèce : A. fulgens

La mère des pandas roux avait quitté le zoo de Shanxi pour celui de Taiyuan, dans la province chinoise septentrionale du Shanxi. Sous son pelage se cachait un ventre arrondi, qui échappa à l'attention des gardiens. Dans son nouvel environnement, elle donna naissance à des prématurés, qu'elle abandonna, perturbée, laissant aux responsables du parc animalier le soin de s'assurer qu'ils ne mourraient pas de faim.

Li Jin Bang, un employé du zoo, leur tint lieu de mère de substitution les premiers jours. Il les nourrit toutes les deux heures, même la nuit, à l'aide de seringues remplies de lait en poudre. Dans le même temps, les responsables du zoo firent appel aux médias locaux, dans l'espoir de trouver un parent adoptif plus approprié aux pandas roux ; une petite chienne, par exemple, ayant récemment mis bas, ne manquant pas de lait, assez calme pour ne pas effrayer les petits. (Le lait des chiennes a une composition suffisamment proche de celui des femelles pandas roux pour fournir aux nouveau-nés les nutriments indispensables à leur croissance, en l'absence de compléments alimentaires.) Par chance, un fournisseur du zoo qui vivait dans une ferme, non loin, eut vent du problème et se porta au secours des pandas roux en leur présentant sa turbulente chienne, qui venait de mettre au monde trois chiots. L'un d'eux l'accompagna d'ailleurs pour l'aider à se concentrer sur sa mission et faciliter la transition.

Rapidement, les pandas roux s'accoutumèrent à téter la chienne, qui accomplit sa tâche avec naturel, en laissant parfois les pandas accéder à ses mamelles avant même son chiot. Non contente de les nourrir, la nouvelle mère des pandas roux les traita comme ses propres petits, en leur léchant la tête et les pattes, afin d'assurer le bon développement de leurs fonctions vitales. Une femelle panda roux, susceptible de mettre au monde quatre petits à la fois, aveugles à la naissance, passe jusqu'à quatre-vingt-dix pour cent  de son temps, les premiers jours, à les câliner et les renifler. La mère adoptive des pandas leur donna les soins qu'ils réclamaient, à un moment décisif. Les petits, aux paupières d'abord closes et aux glapissements à peine audibles, avalèrent goulûment son lait, jusqu'à devenir forts et en pleine santé.

Longtemps après le sevrage, la mère de substitution des pandas roux continua d'errer aux abords de leur maison, en essayant d'y rentrer. Le personnel du zoo s'attendrit de voir que l'instinct protecteur de la chienne se manifestait encore bien après que les pandas eurent atteint l'âge de se passer d'elle.

Pendant un temps, la chienne et l'ensemble de « ses » petits vécurent ensemble au zoo. Les visiteurs s'extasiaient devant le groupe. Sitôt les pandas roux capables de se déplacer, Li prit l'habitude d'emmener la famille se promener, plusieurs heures chaque jour. « Les petits — les pandas roux aussi bien que le chiot — grimpaient partout et s'amusaient comme des galopins », raconte Li.

ZIMBABWE

Le rhinocéros, le phacochère et la hyène

Un rhinocéros, un phacochère et une hyène entrent dans une pièce… le début d'une blague d'un goût douteux ? Pas du tout ! Il s'agit là d'une scène fréquente à la réserve d'Imire, au Zimbabwe, où des représentants des trois espèces, hébergés par une même famille, devinrent un temps camarades de jeu.

L'histoire commence avec le rhinocéros, Tatenda. Pendant des années, Jude Travers et sa famille élevèrent des rhinocéros noirs pour des parcs nationaux, dans le cadre d'un effort de protection de l'espèce, en voie d'extinction. Comme il n'en subsiste que quatre mille à l'état sauvage, la vie de chaque individu est précieuse. Une nuit, des braconniers en quête de cornes de rhinocéros — très prisées en Asie en tant que remèdes, ou objets décoratifs — entrèrent par effraction sur la propriété et tuèrent tout le troupeau, bien qu'une intervention chirurgicale eût privé les rhinocéros de leur corne, précisément pour leur éviter ce type d'attaque. Quand les Travers arrivèrent sur place, Tatenda, l'unique survivant du massacre, âgé de trois mois, se cachait sous la paille. Couvert du sang de ses parents, il était encore sous le choc. Jude et sa famille, atterrés par la disparition des animaux, s'efforcèrent de passer outre leur colère et leur chagrin pour s'occuper de Tatenda.

Phacochère
Règne : Animalia
Embranchement : Chordata
Classe : Mammalia
Ordre : Artiodactyla
Famille : Suidae
Genre : Phacochoerus
Espèce : P. africanus

Ce fut alors qu'entra en scène Poggle, le phacochère. Peu avant le massacre des rhinocéros, « un minuscule phacochère rejoignit la maisonnée, se rappelle Jude. Il n'était pas plus grand que ma main. Il n'eut pas plus tôt reniflé le bébé rhinocéros qu'il reconnut en lui un futur ami et camarade de jeu. » L'intervention de Poggle vint à point nommé. Son affection — et celle de Jude Travers — aiderait Tatenda à guérir de ses blessures et surmonter ses traumatismes.

Rhinocéros noir
Règne : Animalia
Embranchement : Chordata
Classe : Mammalia
Ordre : Perissodactyla
Famille : Rhinocerotidae
Genre : Diceros
Espèce : D. bicornis

Une dizaine de mois plus tard, les Travers recueillirent la hyène Tsotsi — orpheline, elle aussi. « Ses petits yeux ronds lui donnaient un air diabolique. Au début, elle se terrait dans un panier, sous une couverture, relate Jude. Il fallut quelques mois à leur amitié pour se développer ; une hyène met du temps avant d'accorder sa confiance. »

Le rhinocéros, le phacochère et la hyène

Hyène
RÈGNE : Animalia
EMBRANCHEMENT : Chordata
CLASSE : Mammalia
ORDRE : Carnivora
FAMILLE : Hyaenidae
GENRE : Hyaena
ESPÈCE : H. brunnea

Sous le regard attentionné de Jude, le trio s'épanouit et les animaux s'attachèrent les uns aux autres comme des frères. Le samedi matin, ils se réunissaient d'ordinaire dans la chambre à coucher des Travers : le phacochère sous les draps et la hyène planquée sous le lit, tandis que le rhinocéros posait la tête sur les genoux de Jude. Ils flemmardaient en compagnie de leurs maîtres, en attendant le petit déjeuner. À l'heure du repas, ils bondissaient sur la table en réclamant du lait, des friandises ou de l'affection. Dans le jardin, ils se pourchassaient ou se bagarraient pour jouer (Tsotsi entamait souvent les hostilités, en donnant de petits coups dans le dos de Poggle). Ils mâchonnaient aussi des fleurs et, ensemble, piquaient un somme sous les mûriers. Il leur arrivait par ailleurs de se promener dans la brousse, derrière Jude ou un autre membre de la famille Travers, tandis qu'un chat fermait la marche.

À la fin, les Travers se préparèrent à relâcher Tatenda et Poggle dans la nature, à une douzaine de kilomètres de chez eux. Il était temps pour les deux animaux de retourner à l'état sauvage parmi leurs congénères. (Tsotsi, encore trop jeune pour s'accoupler, resterait pour l'heure auprès des Travers.) Jude eut l'impression de se séparer d'un être cher ; le rhinocéros occupait une place à part dans son cœur, mais il y allait de son bien-être. « Je trouve tragique que des criminels rendent orphelins des animaux, qui ont alors besoin qu'on veille sur eux. Notre mission consiste à les élever puis à les relâcher dans leur environnement naturel où leur survie dépend de leur instinct. »

Le rhinocéros et le phacochère s'adaptèrent sans peine à la vie dans la réserve. Au début, ils restèrent l'un auprès de l'autre, puis le phacochère partit s'accoupler et donna naissance à trois petits. Tatenda finit par s'intéresser aux autres rhinocéros de la propriété de quatre mille quatre cent cinquante hectares. « Toutes les femelles l'adorent », affirme Jude. Quant à Tsotsi, restée seule après le départ de ses amis, elle s'en fut un jour dans la brousse pour ne jamais en revenir.

MAINE, ÉTATS-UNIS

Le rottweiler et le louveteau

La naissance du louveteau prit au dépourvu le personnel de la réserve Kisma de Mount Desert, dans le Maine. Le couple de loups qui vivait là étant considéré comme trop jeune pour se reproduire, la grossesse de la femelle passa inaperçue. Malgré tout, un louveteau vint au monde, bien que sa mère ne fût pas assez mûre pour assumer son rôle. « Elle ne l'agressa pas, précise la directrice de la réserve, Heather Grierson, mais elle ne manifesta aucun instinct maternel. Elle ne savait pas quoi faire de lui. » Les employés de la réserve n'hésitent pas à emporter du travail à la maison. Suivant en quelque sorte leur exemple, Heather hébergea chez elle le petit animal sans défense, aux paupières encore hermétiquement closes.

À son arrivée, il reçut un chaleureux accueil d'Ulrok le rottweiler. « Ulrok s'est tout de suite beaucoup intéressé au louveteau, relate Heather. Je me suis dans un premier temps méprise sur ses intentions, craignant qu'il ne malmène le louveteau. D'autant qu'énorme et maladroit, il aurait pu le blesser, sans le vouloir. En fait, non. Il s'est montré incroyablement protecteur. » Quand le petit loup gémissait, « Ulrok le nettoyait de la tête aux pattes — une tâche du ressort de la mère, en principe. Ulrok l'a remplacée au pied levé. S'il avait pu lui donner la tétée, il l'aurait fait ».

Loup
RÈGNE : Animalia
EMBRANCHEMENT : Chordata
CLASSE : Mammalia
ORDRE : Carnivora
FAMILLE : Canidae
GENRE : Canis
ESPÈCE : C. lupus

Le louveteau répondit de bon cœur aux avances du rottweiler, ravi de l'attention que lui portait le chien. Remarquant qu'Ulrok n'était satisfait qu'une fois le petit loup à portée de langue, Heather les laissa dormir dans le même panier, où ils se blottirent l'un auprès de l'autre. Le louveteau, encore pataud, se mit en tête de jouer avec le gros chien, dont il lécha le museau, en lui mordillant la langue, dans l'espoir qu'il régurgiterait de la nourriture, à l'exemple des loups à l'état sauvage. « Quand il s'énervait trop, Ulrok le calmait d'un coup de patte. Il avait une patience d'ange. »

Le rottweiler
Originaire d'Allemagne, il compte au nombre des races de chiens les plus anciennes. Sous l'Empire romain, il aidait à rassembler les troupeaux dont se nourrissait la légion.

Les instincts de loup du petit reprenaient le dessus lors des repas. Les chiens apprécient à peu près les mêmes aliments que les loups, mais ils ne se donnent pas autant de mal pour protéger leur quatre heures. Tout loup qui se respecte, quand on menace de

Le rottweiler et le louveteau

lui chiper ce qu'il mange, retrousse les babines et montre les crocs, en lançant un regard féroce et en écartant les pattes. C'est ce que fit le louveteau. Ulrok restait alors à bonne distance de lui. « Le petit, de cinq livres, grondait face au chien d'une cinquantaine de kilos, qui battait en retraite pour le laisser manger. Beaucoup pensent qu'un loup élevé en captivité se comportera comme un gentil toutou. C'est faux. Ils ne sont pas programmés de la même façon. »

Compte tenu des différences de tempérament du louveteau et du chien, Heather voulut rapprocher le louveteau de ses congénères le plus tôt possible. Le moment venu, elle présenta le petit à une vieille louve de la réserve, baptisée Morticia, qui vivait seule depuis des années. Heureusement, le courant passa tout de suite entre eux.

« Le petit insuffla une nouvelle vie à la vieille louve, qui se montra dès lors plus active. Très vite, elle prit le pli de régurgiter de la nourriture à son intention, lui apprenant par ailleurs à se comporter en loup. » Plus convaincu que jamais que le louveteau possédait toutes les caractéristiques de son espèce, le personnel de la réserve décida de le mêler à une meute en captivité, le jour où Morticia, en raison de son âge avancé, ne pourrait plus s'occuper de lui.

Quant à Ulrok, représentant d'une race élevée pour garder des troupeaux, il s'occupa par la suite d'autres jeunes animaux de la réserve — des tigres, un gibbon, et même une tortue léopard blessée. « C'est le rottweiler le plus pacifique et le plus aimant au monde, estime Heather. Il était fait pour mener ce genre de vie ! »

ISRAËL

Les dauphins et le chien qui aimait la mer

Au sud d'Eilat, en Israël, où la mer Rouge lèche des plages de sable envahies de touristes, un chien hirsute se lança un beau jour à l'eau.

Il s'appelait Joker. Au printemps 2000, il apparut au *Récif des dauphins*, un parc où affluent les vacanciers désireux de côtoyer les mammifères marins. Il appartenait à une famille des environs mais se sentait plus chez lui sur la jetée en bois du *Récif des dauphins*, d'où il apercevait la mer.

Le personnel ne se félicita pas vraiment de la présence du visiteur à quatre pattes, craignant qu'il ne pourchasse les chats, les poulets et les paons qui vivaient dans l'enceinte du parc. Joker revint toutefois, jour après jour — où qu'il passât ses nuits —, sans menacer le moins du monde les autres animaux. À vrai dire, aucun d'eux ne l'intéressait en dehors des dauphins.

Au parc vivent huit dauphins, sous la houlette d'un mâle prénommé Cindy, le don Juan de la bande, paraît-il. (Eh oui, vous avez bien lu : Cindy est un mâle.) À certaines heures, ils ont accès à la mer ; ce qui leur permet de choisir entre rester dans le parc ou s'ébattre librement au large. Bien qu'ils fréquentent des hommes et reçoivent d'eux leur nourriture, ils continuent de se comporter comme dans la nature — y compris quand ils s'amusent.

Le spectacle de leurs acrobaties captiva Joker. Assis sur la jetée, il les regarda, pendant de longues heures, s'éclabousser et fuser entre les vagues en poussant de petits cris. Un jour, au cours de leur repas, il abandonna son poste d'observation pour plonger au milieu d'eux.

Les dauphins réservèrent un si bon accueil au chien qu'il ne tarda pas à prendre l'habitude de les rejoindre dans l'eau. Au début, le personnel du parc attachait Joker à l'heure de nourrir les dauphins pour l'empêcher de les distraire. Le chien comprit rapidement qu'il était le bienvenu dans l'eau à tout moment, sauf aux heures des repas. Il apprit à déchiffrer les signes que lui envoyaient les mammifères aquatiques et « ne plongeait que quand ceux-ci le taquinaient ou l'invitaient à s'approcher », raconte Tal Fisher, dresseur de dauphins.

Grand dauphin
Règne : Animalia
Embranchement : Chordata
Classe : Mammalia
Ordre : Cetacea
Famille : Delphinidae
Genre : Tursiops
Espèce : T. truncatus

Joker connut dès lors son heure de gloire : des automobilistes qui le croisaient sur le chemin de la ville au parc

le prenaient en stop — en dépit de son odeur tenace de chien accoutumé à batifoler dans l'eau de mer. Une fois au *Récif des dauphins*, il allait droit à la jetée, où ses amis, espiègles, lui réservaient un chaleureux accueil.

Les maîtres de Joker finirent par comprendre qu'il s'épanouissait plus au parc : avec leur permission, il y élut domicile afin de rejoindre ses copains dans la mer aussi souvent qu'il le souhaitait. Aujourd'hui encore, il passe souvent la nuit sur la jetée, et commence sa journée en aboyant aux dauphins, à l'heure où ils se rassemblent au-dessous de lui. Il saute alors dans l'eau pour batifoler avec eux. « Ils nagent autour de lui et l'éclaboussent, raconte Tal. Ils lui parlent, même. » Par quel miracle les dauphins traduisent-ils les aboiements d'un chien ? Le mystère demeure. En tout cas, les animaux, mus par une curiosité mutuelle, semblent avoir trouvé dans le jeu un langage commun.

PENNSYLVANIE, ÉTATS-UNIS

Le chat d'aveugle et le chien qui n'y voyait goutte

Qui ne s'est jamais émerveillé du tandem formé par un chien d'aveugle et le maître qu'il aide à trouver son chemin dans les ténèbres ? De solides amitiés se nouent bien souvent entre ces chiens spécialement dressés et leurs propriétaires, handicapés.

Cela dit, avez-vous déjà entendu parler d'un chat d'aveugle ? En voici un, ou plutôt une, au pelage tigré, nommée Libby, qui prêta spontanément assistance à un mammifère n'y voyant goutte qui, par-dessus le marché, n'était pas un homme mais un chien.

Terry et Debra Burns adoptèrent Libby, un chat de gouttière, en 1994. Pas plus grand qu'une balle de baseball à l'époque, l'animal s'adapta sans peine à son nouvel environnement, y compris à Cashew, le labrador croisé. Chien et chat grandirent ensemble sans problème, encore qu'à distance prudente, l'un de l'autre.

La vue de Cashew se mit à baisser à partir de sa douzième année. Libby adopta dès lors une attitude protectrice envers son compagnon de toujours. Elle prit l'habitude de s'assoupir sur le seuil de la niche de Cashew quand il dormait, telle une aide-soignante zélée. Elle se plaçait en outre sous la gueule du chien, qu'elle accompagnait partout, aussi bien à l'intérieur qu'à l'extérieur. Ensemble, ils trouvaient le chemin d'un bol à croquettes ou s'exposaient au soleil, sur la terrasse. Libby ne quittait pas le chien d'un pas : où qu'il allât, elle le guidait. On eût dit qu'ils communiquaient entre eux, estime Terry. « Comme si Libby lui disait : "Hé ! Attention au banc, là !", ou : "Tiens ! Ta gamelle". » La chatte prit en outre l'habitude de surgir à l'improviste, quand Terry promenait Cashew. Parfois, elle se contentait de les observer de loin. D'autres jours, elle trottinait auprès d'eux — « pour que le chien sache qu'elle était là, qu'elle veillait sur lui. Plus le temps passait, plus ils se rapprochaient ».

Quand Cashew rendit son dernier soupir, à près de quinze ans, Libby parut se demander où il était passé : elle partit à sa recherche, là où le chien était accoutumé à traîner. L'autre chien de la famille ne lui inspirait pas autant d'affection. Il semblerait qu'elle ait vécu avec Cashew, son vieil ami et protégé, une expérience unique, irremplaçable.

Beaucoup d'hôpitaux « enrôlent » des chiens et des chats pour aider des patients confrontés à un large éventail de troubles allant de la démence sénile jusqu'à l'hypertension.

CANADA

Le chien de traîneau et l'ours polaire

Parmi les étendues glacées du Grand Nord, dans une ville canadienne du nom de Churchill, un photographe fut témoin d'un étonnant rapprochement entre espèces.

Churchill est surtout connu pour ses ours polaires — un groupe d'individus particulièrement téméraires, qui vivent dans une proximité inhabituelle avec les humains. La frontière entre vie sauvage et civilisation se brouille quand les ours quittent leur terrain de chasse naturel pour s'aventurer en ville, où ils fouillent les poubelles en quête d'un repas. Compte tenu de l'usage répandu des traîneaux dans la région, les ours fureteurs rencontrent inévitablement des chiens, de temps à autre.

Il est d'ailleurs arrivé à certains ours féroces d'en tuer. Aussi, quand, un jour de novembre, le photographe Norbert Rosing vit un énorme mâle s'approcher d'un enclos abritant plusieurs douzaines de chiens esquimaux, il craignit pour leur sûreté. « La plupart des chiens aboyèrent, en tirant sur leur chaîne, tandis que l'ours approchait », se rappelle-t-il. Un chien, à l'écart des autres, garda toutefois son calme. Sous le regard de Norbert, l'ours avança vers l'animal impassible. Soudain, il s'allongea, bascula sur le dos et tendit vers le chien sa gigantesque patte, comme pour lui demander de jouer, en lui promettant de ne lui faire aucun mal.

Ours polaire
RÈGNE : Animalia
EMBRANCHEMENT : Chordata
CLASSE : Mammalia
ORDRE : Carnivora
FAMILLE : Ursidae
GENRE : Ursis
ESPÈCE : U. maritimus

Le chien se montra d'abord méfiant. Peu à peu, il se rassura toutefois et les deux animaux finirent par s'amuser ensemble. Doucement au départ — l'ours tirait sur la patte du chien, lui mordillait la hanche, et le chien lui rendait la pareille. Lorsque l'ours mit à l'épreuve son camarade de jeu par une morsure plus vive, le chien glapit de douleur. « L'ours le relâcha aussitôt puis il revint jouer, plus prudemment, raconte Rosing. À la fin, ils se bagarraient comme de vieux copains ; l'ours s'allongeait sur le dos et le chien bondissait sur son ventre. L'ours serrait la tête du chien entre ses pattes alors qu'ils se débattaient. Incroyable ! »

Les deux animaux folâtrèrent une vingtaine de minutes avant que l'ours ne s'en aille. Les jours suivants, il reparut et renouvela ses acrobaties avec le chien. Depuis, à Churchill, d'autres interactions de ce type ont été observées ; il arrive même que plusieurs ours s'amusent avec plusieurs chiens en même temps. Parfois, aussi, les ours protègent une meute en éloignant d'autres créatures moins affables.

Malheureusement, le rapprochement d'ours polaires et de chiens de traîneau — déjà exceptionnel en soi — n'appartiendra bientôt plus qu'au passé. Seules en témoigneront alors quelques anecdotes, une poignée de photos. À cause du réchauffement climatique, la banquise fond à une vitesse alarmante. De nombreux scientifiques affirment que le nombre d'ours polaires en liberté dans le cercle arctique décline au point qu'ils risquent de disparaître en tant qu'espèce, dans un avenir proche. Les ours ont besoin de blocs de glace sur lesquels se camper quand ils chassent les phoques. La fonte de la banquise, en les privant du moyen d'assurer eux-mêmes leur subsistance, les amènera sans doute à s'aventurer de plus en plus dans des villes comme Churchill à la recherche de chiens de traîneaux, mais pour leur chiper leur nourriture ou même les dévorer et non s'en faire des amis.

Les chiens de traîneau

Le husky sibérien et le malamute d'Alaska — réputés pour leur peps et la vitesse à laquelle ils courent — font partie des races de chiens de traîneau les plus connues.

JAPON

La couleuvre et le hamster

Propriétaires de serpents et amis des rongeurs : s'il vous plaît, ne vous inspirez pas de ce qui suit ! Au zoo Mutsugoro Okoku de Tokyo, une couleuvre longue d'un mètre vingt s'est contentée de serrer amicalement un hamster nain au creux de ses anneaux plutôt que de le broyer en une étreinte fatale avant de l'avaler tout entier. Rares sont les interactions aussi déroutantes entre espèces !

Interrogé par un vidéaste, un gardien du zoo affirma qu'après sa capture la couleuvre jeûna deux semaines, dédaignant les grenouilles et autres petits animaux qu'on lui offrait à manger. Le gardien finit par placer un hamster dans son vivarium, en supposant qu'un mammifère encore chaud et remuant lui ouvrirait l'appétit.

Hamster
RÈGNE : Animalia
EMBRANCHEMENT : Chordata
CLASSE : Mammalia
ORDRE : Rodentia
FAMILLE : Cricetidae
GENRE : Mesocricetus
ESPÈCE : Mesocricetus raddei

Tout se passa normalement au début. Le hamster, baptisé par dérision Gohan — c'est-à-dire « repas » en japonais —, fit le tour du vivarium en reniflant la couleuvre. Celle-ci, appelée Aochan, sensible à la chaleur du petit animal, le « goûta » en tirant la langue tout autour de lui, comme à son habitude avant de manger. Seulement, elle n'attaqua pas le hamster. L'impression vint au gardien que les deux ennemis naturels se témoignaient l'un à l'autre de l'affection. Gohan grimpa sur la couleuvre en remuant parmi ses anneaux, comme s'il voulait s'y blottir pour dormir. Le reptile se déplaça de manière que la petite créature s'installe plus à son aise. « J'ai senti qu'il n'était pas question que l'un mange l'autre mais qu'une sorte d'amitié naissait entre eux », affirme le gardien. La cohabitation entre les deux animaux se poursuivit sans incident à déplorer.

Il est merveilleux de songer qu'une couleuvre, connue pour étouffer des animaux à sang chaud, soit capable de réconforter un rongeur un peu nerveux. Bien sûr, d'autres explications plus convaincantes viennent à l'esprit. Les couleuvres hibernent par temps froid. Leur métabolisme diminue afin d'éviter toute déperdition d'énergie, or Aochan fit la connaissance du hamster à l'automne. Il est donc probable que, son instinct prédateur en sommeil, elle n'ait tout simplement pas eu faim. En été, sa rencontre avec Gohan se fût sans doute conclue autrement.

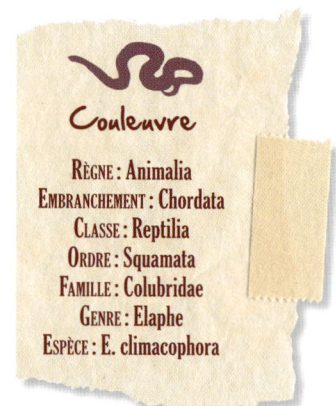

Couleuvre
RÈGNE : Animalia
EMBRANCHEMENT : Chordata
CLASSE : Reptilia
ORDRE : Squamata
FAMILLE : Colubridae
GENRE : Elaphe
ESPÈCE : E. climacophora

La couleuvre et le hamster

Quelle que soit la cause des rapports pacifiques qui s'établirent entre les deux créatures, les visiteurs du zoo, intrigués, vinrent en nombre assister au spectacle peu banal d'une couleuvre câlinant un rongeur.

KENYA

La tortue et l'hippopotame

Leur amitié n'a pas tardé à devenir l'un des exemples les plus célèbres de rapprochement entre espèces. Les reptiles ne sont pourtant pas connus pour leur naturel chaleureux. Pas plus que les hippopotames, d'ailleurs.

À en croire la petite histoire, le tsunami dévastateur qui frappa, en décembre 2004, la côte du Kenya près du village de Malindi, n'épargna qu'un seul hippopotame d'une troupe établie sur les berges de la Sabaki. Au prix d'un effort colossal, les villageois capturèrent l'unique survivant — un bébé de deux cent soixante-dix kilos — et l'amenèrent à Haller Park, une réserve de Mombasa.

L'hippopotame

Il ne bâille pas par fatigue mais pour montrer sa force. En leur dévoilant ses énormes dents, il menace les prédateurs.

Il arrive aux hippopotames de se montrer agressifs et soupe au lait, même envers leurs congénères. Le jeune Owen — baptisé en l'honneur d'un de ses sauveteurs — fut placé dans un enclos auprès d'animaux inoffensifs : des vervets (de petits singes), des antilopes, et une tortue géante des Seychelles âgée de cent trente ans, nommée Mzee.

Ce qui se passa ensuite relève du prodige. Owen s'approcha tout de suite de Mzee pour s'accroupir auprès d'elle, comme s'il se cachait derrière un rocher. Mzee s'éloigna, visiblement contrariée, mais l'hippopotame insista. Le lendemain matin, ils en étaient arrivés à se câliner, non sans maladresse. À l'état sauvage, les hippopotames vivent en troupes sans pour autant établir de liens entre eux, à l'exception des mères et de leurs petits. Les tortues géantes des Seychelles s'organisent elles aussi en bandes, bien qu'elles ne s'attachent pas les unes aux autres. Le jeune hippopotame, qui aspirait peut-être à ce qu'une femelle adulte s'occupe de lui, trouva du réconfort auprès d'un vieux reptile engoncé dans ses habitudes — en formant avec lui un couple peu banal.

Les petits hippopotames restent en général quatre ans auprès de leur mère, le temps d'acquérir les habitudes d'un adulte. Owen, lui, apprit à

Tortue géante des Seychelles

Règne : Animalia
Embranchement : Chordata
Classe : Sauropsida
Ordre : Testudines
Famille : Testudinidae
Genre : Aldabrachelys
Espèce : A. gigantea

devenir une tortue. D'après la responsable de Haller Park, Paula Kahumbu, il prit modèle sur Mzee, en mâchant les mêmes herbes qu'elle. Ne faisant aucun cas des autres hippopotames qui grognaient dans la réserve, il se montrait surtout actif le jour, comme les tortues, mais à l'inverse de ses congénères. Owen et Mzee se suivaient partout. Ils se prélassaient ensemble dans un étang et dormaient côte à côte, la peau rugueuse du mammifère contre la carapace de la tortue. Owen adopta une attitude protectrice envers son amie. Affectueux, il léchait la tête de Mzee quand elle la posait sur son ventre.

Les scientifiques s'émerveillèrent surtout du langage mis au point par les deux animaux. De petits coups dans les pattes ou sur la queue l'un de l'autre leur indiquaient quand et dans quelle direction ils s'apprêtaient à se déplacer. Avant de se mettre en route, ils produisaient de profonds bruits de gorge, des sortes de grondements, inhabituels chez l'une et l'autre espèces. « Je suis frappée par le niveau d'élaboration atteint par leur système de communication, admet la comportementaliste Barbara King. Ces représentants de deux espèces qui, par nature, ignorent comment interagir l'une avec l'autre ont établi un échange dynamique, que l'instinct ne suffit pas à expliquer, vu que l'hippopotame modelait son attitude sur celle de la tortue, et vice versa. »

AFRIQUE DU SUD

Le rhinocéros blanc et le bouc

———

La réserve naturelle des rhinocéros et des lions, sur les hauts plateaux centraux de l'Afrique du Sud, doit son nom aux deux espèces parmi les plus populaires qu'elle abrite. À l'origine, seuls deux rhinocéros blancs vivaient cependant dans la vieille ferme du courtier en obligations Ed Hern, où s'épanouissent aujourd'hui plus de six cents représentants de vingt-cinq espèces animales.

L'un des premiers pensionnaires de la réserve fut un rhinocéros de six mois, découvert auprès du cadavre de sa mère, abattue par des braconniers. La décision fut prise de le confier à des hommes jusqu'à ce qu'il atteigne l'âge de se débrouiller seul parmi ses congénères. Le problème, c'est qu'un rhinocéros de six mois engloutit quotidiennement des dizaines de litres de lait qu'il est difficile de se

Rhincéros blanc

Règne : Animalia
Embranchement : Chordata
Classe : Mammalia
Ordre : Perissodactyla
Famille : Rhinocerotidae
Genre : Ceratotherium
Espèce : C. simum

procurer en grande quantité — l'équivalent d'un abreuvoir. Par chance, un fabricant de produits laitiers sud-africain fournit gracieusement une quantité de lait en poudre suffisante pour nourrir l'animal. Ce fut le nom de la généreuse entreprise — Clover — qui échut au rhinocéros.

D'après Lorinda Hern, la fille du propriétaire de la réserve, Clover réclamait une attention permanente. Pas étonnant, vu qu'un rhinocéros ne quitte généralement pas sa mère avant dix-huit mois. Un gardien lui tint provisoirement compagnie — un travail à plein temps. Quand venait l'heure de le nourrir, Clover s'impatientait en tapant de la patte par terre et en grognant. Quand son poids dépassa les deux cent soixante-dix kilos, il devint dangereux de veiller de trop près à son bien-être. En dépit de son extrême douceur, Clover eût facilement pu écraser le pied d'un homme — ou pire — rien qu'en se montrant un peu trop remuant. Il fut impossible pour le personnel de la réserve de le dresser. Surtout, il valait mieux ne pas le laisser s'attacher aux humains, au risque de faire de lui une cible facile pour les braconniers.

La vie en solitaire ne convenait toutefois pas à Clover, qui ne tarda pas à tomber malade. On lui diagnostiqua un ulcère à l'estomac, conséquence de son isolement et des épreuves qu'il venait de traverser. Il fallait à Clover un nouvel ami, or aucun autre rhinocéros de son âge ne pouvait à ce moment-là en remplir l'office. On tenta donc une expérience inédite en introduisant un bouc domestiqué dans son enclos.

Comme il fallait s'y attendre, le nouveau venu éveilla la curiosité de Clover, qui le reniflait et lui donnait de petits coups à la moindre occasion. L'attitude intrusive du rhinocéros agaça son camarade qui lui rentra dedans, la tête baissée, comme pour établir entre eux une hiérarchie. Clover battit en retraite à une distance prudente. Quelques minutes plus tard, il tenta de nouveau sa chance et s'approcha du bouc. Le petit ongulé ne se laissa pas intimider par Clover : des deux, c'était indiscutablement le bouc le maître de la situation. La présence d'un ami — même au tempérament bougon — réjouit tant le rhinocéros qu'il parut heureux de se plier aux diktats du bouc.

Au bout d'une ou deux semaines, le rhinocéros et le bouc — auquel on donna le nom peu original de « Goat », « bouc » en anglais — devinrent inséparables. L'ongulé revêche finit par déployer des trésors de patience vis-à-vis de Clover, qui se mettait parfois en tête de lui donner la chasse pour s'amuser. Pendant que Clover piquait un somme, Goat grimpait avec agilité sur son dos, d'où il disposait d'un excellent point de vue des alentours. Clover partagea généreusement avec son camarade son abri, sa nourriture et ses jouets et se montra envers lui d'un dévouement exemplaire. Il suivait partout le bouc, tel un gentil toutou de cinq cent quarante kilos. Bien que le bouc s'irritât parfois de la présence constante du rhinocéros, les deux animaux, affirme Lorinda, se blottissaient l'un contre l'autre au moment de s'endormir. Le personnel de la réserve craignait de voir le rhinocéros écraser le bouc dans son sommeil. Malgré tout, il n'y eut aucun incident à déplorer. À en croire les gardiens, ce fut la présence du bouc, jour et nuit, qui permit à Clover de recouvrer la santé. Il prit de l'embonpoint et se montra dès lors de bien meilleure humeur. Tant que son camarade demeurait à son côté, tout allait au mieux.

Bouc
RÈGNE : Animalia
EMBRANCHEMENT : Chordata
CLASSE : Mammalia
ORDRE : Artiodactyla
FAMILLE : Bovidae
GENRE : Capra
ESPÈCE : C. aegagrus

TEXAS, ÉTATS-UNIS

Le zèbre et la gazelle

Voici la petite histoire d'une gazelle qui, un beau jour, découvrit en un équidé au pelage rayé un protecteur insoupçonné.

Figurez-vous, pour commencer, une jeune gazelle sauvage : une créature fragile et vulnérable, qui paît dans les prairies, les steppes et les déserts montagneux d'Afrique, de la péninsule arabe et de l'Inde. Sa meilleure stratégie de défense contre ses agresseurs — en général, des félins qui veulent en faire leur quatre heures — consiste à filer comme une flèche… en détalant plus vite que ses consœurs.

Il est toutefois peu probable que la gazelle du zoo de Houston doive un jour prendre la fuite face à un quelconque ennemi.

Au zoo cohabitent une multitude d'animaux : phacochères, zèbres, élands de Derby, nyalas (des sortes d'antilopes d'Afrique du Sud), et un mâle gazelle Dorcade, représentant solitaire de la plus petite espèce de gazelle au monde. « Au moment de les réunir, il y a de cela quelques années, nous avons craint pour la sécurité de la gazelle, raconte Daryl Hoffman, chargé de veiller sur les animaux. Les zèbres sont connus pour leur agressivité envers les jeunes antilopes, ou même les adultes de petit gabarit ; il leur arrive même de tuer leurs petits. » Le personnel garda donc les pensionnaires à l'œil. (Quand une gazelle en liberté prend peur à l'approche d'un animal susceptible de l'agresser, elle s'éloigne par petits bonds, comme montée sur des échasses à ressort.)

À la surprise et pour la plus grande joie de tous, une femelle zèbre noua une solide amitié avec la gazelle mâle. Elle prit l'habitude de l'accompagner partout, en veillant sur lui quand il se reposait. Elle l'incitait même, par de petits coups, à la suivre d'un point de leur enclos à un autre — comme l'eût fait une maman zèbre avec son petit.

Bien entendu, dans la nature, les deux ongulés auraient dû, tôt ou tard, se séparer. Les gazelles Dorcade se déplacent peu. Bien adaptées à leur environnement aride, elles peuvent se passer de boire en s'hydratant grâce aux plantes dont elles se nourrissent. La faim, la soif et le désir de s'accoupler incitent, en

Zèbre
Règne : Animalia
Embranchement : Chordata
Classe : Mammalia
Ordre : Perissodactyla
Famille : Equidae
Genre : Equus
Espèce : E. zebra

Le zèbre et la gazelle

revanche, les zèbres à parcourir de longues distances lors des changements de saison. Ils se joignent alors à des gnous et d'autres troupes nomades dans leurs migrations en quête de terres plus vertes. À l'abri dans un zoo, d'autres penchants prennent cependant le dessus : l'instinct maternel, par exemple, qui prévalut chez le zèbre présenté à la gazelle.

Quand un phacochère supplémentaire se mêla au groupe, la femelle zèbre adopta une attitude protectrice envers la gazelle, comme si elle se doutait que l'autre allait faire des siennes. « Dès que le phacochère approchait, le zèbre s'interposait, afin de maintenir un minimum de distance entre lui et la gazelle. »

Un incident se produisit quand la gazelle se blessa. Le personnel vint la soigner, mais le zèbre, redoublant de prévenance, poussa frénétiquement son amie, comme pour la convaincre de se lever et d'échapper aux hommes. « Voyant qu'elle ne bougeait pas, le zèbre voulut nous empêcher d'aller plus loin », se rappelle Hoffman. La gazelle séjourna un temps à la clinique du zoo. À son retour parmi ses compagnons, il lui fallut, à elle et au zèbre, un peu de temps pour retrouver leurs marques. Au bout de quelques jours, ils fêtèrent toutefois leurs retrouvailles, à leur manière. À présent, ils cheminent ensemble dans la vie, clopin-clopant.

Gazelle Dorcade

RÈGNE : Animalia
EMBRANCHEMENT : Chordata
CLASSE : Mammalia
ORDRE : Artiodactyla
FAMILLE : Bovidae
GENRE : Gazella
ESPÈCE : G. dorcas

Postface

N'est-il pas tentant de lire de l'affection dans le regard d'un chien ou du contentement dans les babines retroussées d'un animal ? Prenez le dauphin, dont le « sourire » immuable assure la popularité. Quelle déception d'apprendre qu'il s'explique par la stratégie à laquelle l'animal recourt pour se nourrir et non par son humeur ! Comme le souligne Eugene Linden dans *Les Lamentations du perroquet* : « Si l'évolution avait amené les dauphins à fondre sur leur proie d'en haut et non d'en bas, ils auraient fort bien pu hériter d'une mine rébarbative. »

Un bébé gibbon serre contre lui son copain.

Ce livre aura, je l'espère, convaincu les sceptiques que les hommes ne sont pas seuls à s'émouvoir, à compatir, à se réjouir ou à souffrir d'une déception. Réunir des exemples de rapprochements entre espèces m'a ouvert les yeux sur l'étonnante capacité des animaux à se soucier du bien-être d'un tiers. Dès que le bruit a couru que je m'intéressais au sujet, des quantités de photos et de récits ont commencé d'affluer chaque jour — bien plus que je ne pouvais en mentionner ici. J'ai découvert l'existence du zoo de Twycross, en Angleterre, où, depuis des dizaines d'années, des primates se lient d'amitié avec des chiens, et entendu parler de foyers où des représentants domestiqués d'espèces différentes mangent et dorment en tandem, tels des frères et sœurs. J'ai même eu vent d'un chien qui câlinait un porc-épic orphelin et d'un chimpanzé qui trouva, un jour, un oiseau dans sa cage, et le libéra. J'ai vu des clichés d'un poussin se baladant sur le dos d'une tortue, d'un orang-outang promenant un chien en laisse et d'une souris

Un labrador et un autre bébé gibbon au zoo de Twycross.

se balançant auprès d'un inséparable sur son perchoir. J'ai dû m'imposer des limites, sous peine de remplir des centaines de pages supplémentaires d'anecdotes aussi cocasses qu'attendrissantes.

Il reste cependant une histoire que je ne peux me résoudre à passer sous silence : la mienne. J'aimerais conclure avec elle mon livre. Il y est question d'un curieux assortiment de poissons, aperçus aux abords de la Grande Barrière de corail en Australie, en 2009. Elle ne rentre pas vraiment dans la catégorie « amitiés », mais rend compte d'une merveilleuse interaction entre espèces.

Bien entendu, d'innombrables poissons de toutes sortes se croisent aux alentours de la Grande Barrière de corail. Le rapprochement de ces deux espèces-là, en plus de me faire rire (ce qui n'est pas évident, quand on porte un masque de plongée), m'a amenée à m'interroger sur ce qui se passe dans le cerveau des poissons. La scène se prêtait particulièrement bien à l'anthropomorphisme. Laissez-moi plutôt vous raconter…

AUSTRALIE

L'auteur, les empereurs gueule rouge et le poisson-ballon étoilé

Au bord de la Grande Barrière de corail, en Australie, un fabuleux spectacle s'offre au plongeur, alors qu'il s'enfonce dans l'eau en suivant la direction des rayons de soleil perçant les flots.

Au moins deux mille espèces de poissons — sans parler des invertébrés — se croisent le long de la barrière ; un ensemble de coraux de hauteur variable qui forment sous l'eau la plus grande structure vivante du globe, sur plus de deux mille deux cents kilomètres. Non loin d'un corail, où se développait une vie foisonnante, je fus témoin d'une association entre créatures marines telle que je n'en avais encore jamais vu.

Empereur gueule rouge

RÈGNE : Animalia
EMBRANCHEMENT : Chordata
CLASSE : Actinopterigii
ORDRE : Perciformes
FAMILLE : Lethrinidae
GENRE : Lethrinus
ESPÈCE : L. miniatus

Il est fréquent d'observer dans l'océan des relations « symbiotiques », c'est-à-dire entre différentes espèces, qui bénéficient de la présence l'une de l'autre pour se nourrir, se protéger ou, tout bêtement, se déplacer, d'un point à l'autre. Il suffit de penser aux poissons-clowns qui échappent à leurs prédateurs en évoluant auprès des anémones de mer, ou aux rémoras qui s'accrochent aux requins, dont ils avalent les parasites.

Je n'avais cependant pas affaire à un cas de symbiose connu. D'ailleurs, je ne lui trouvai pas d'explication évidente. J'explorais alors une partie de la Grande Barrière en compagnie d'autres plongeurs — dont les photographes David Doubilet et Jennifer Hayes — dans le cadre d'un reportage pour le magazine *National Geographic*. Tous, nous avions remarqué, au cours des jours précédents, un poisson-ballon — un animal qui porte bien son nom ! Plus tout jeune, celui-là se déplaçait seul et sans hâte, à ras du fond de l'océan ou en eau profonde. Peu farouche — ce qui me surprit d'ailleurs —, il me laissa m'approcher de lui et nager à son côté. Il avançait en battant frénétiquement des nageoires et me jetait de temps à autre un bref coup d'œil.

Un après-midi, je le reconnus non loin de la barrière mais, cette fois-là, mon ami le poisson-ballon n'était plus seul. Il avait pris place au centre d'un banc de poissons fort différents de lui : des empereurs gueule rouge, qui pullulent dans les eaux peu profondes et ensoleillées. Le poisson-ballon — qui faisait un peu tache, parmi les autres — évoluait là comme s'il appartenait à la famille. Les empereurs gueule rouge ne paraissaient pas se formaliser de sa présence.

Tous se déplaçaient dans un parfait ensemble, comme si un marionnettiste les animait en tirant sur des ficelles. Le poisson-ballon, un peu ridicule, occupait la place d'honneur au centre. Un halo de ravissantes créatures jaunes entourait sa silhouette boursouflée — et cependant majestueuse, par certains côtés.

Ce n'était pas le hasard qui les avait réunis : je les revis en groupe, un peu plus tard, et le lendemain aussi. Ils nous accueillirent à notre arrivée à la barrière de corail et revinrent nous souhaiter bon vent au moment du départ. Un spectacle enchanteur !

Pourquoi le poisson-ballon étoilé traînait-il avec les empereurs gueule rouge ? Je ne peux qu'émettre des hypothèses. L'explication la plus « biologiquement correcte » repose sur la prédilection des deux espèces pour les labres nettoyeurs — de petits poissons qui en débarrassent d'autres, plus gros, de leurs peaux mortes et de leurs parasites. Ceux-ci pullulent en général à proximité des empereurs gueule rouge, qui ouvrent grandes leurs mâchoires pour inviter les labres à y picorer des restes de nourriture. Peut-être le poisson-ballon pressentit-il l'intérêt de se mêler aux autres pour avoir droit à un nettoyage en règle. Une fois accepté parmi le banc, il continua en tout cas de suivre les empereurs gueule rouge.

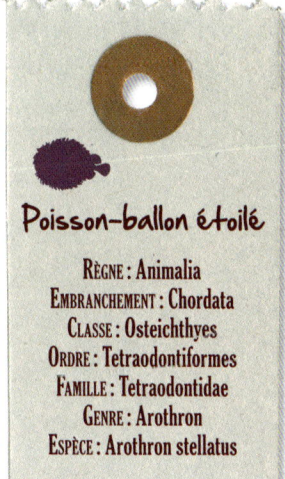

Poisson-ballon étoilé

Règne : Animalia
Embranchement : Chordata
Classe : Osteichthyes
Ordre : Tetraodontiformes
Famille : Tetraodontidae
Genre : Arothron
Espèce : Arothron stellatus

Une autre explication m'est venue à l'esprit, plus fantaisiste et que récuserait à coup sûr tout scientifique qui se respecte. La présence de belles créatures colorées autour de lui a pu remonter le moral du vieux poisson-ballon solitaire qui s'est dès lors épanoui dans les eaux heureuses où se nouent les plus belles amitiés.

Bibliographie

PUBLICATIONS ET FILMS

BADHAM, M. et EVANS, N., *Molly's Zoo*, Simon & Schuster, 2000.

BEKOFF, Marc, *Les Émotions des animaux*, Payot & Rivages, 2009.

BOLHUIS, J. J., « Selfless memes », *Science* 20, Nov. 2009, p. 1063.

California Fire Data (base de données sur les incendies en Californie) : http://cdfdata.fire.ca.gov/incidents/incidents_stats

DEAKOS, M. H. *et al.*, « Two unusual interactions between a bottlenosedolphin (Tursiops truncates) and a humpback whale (megaptera novaean gliae) in hawaiian waters », *Aquatic Mammals* (36:2), 121-128, 2010.

DE WAAL, F., *Le Bon Singe : les bases naturelles de la morale*, Bayard, 1997.

DOUGLAS-HAMILTON, D., *Heart of a Lioness* (film), Mutual of Omaha's Wild Kingdom, 2005.

FEUERSTEIN, N. et TERKEL, J., « Interrelationships of dogs (Canis familiaris) and cats (Felis catus l.) living under the same roof », applied animal behavior *Science* 10, 2007.

GOODALL, J., Entretien avec Doug Chadwick paru dans le *National Geographic*, 2009, et communication personnelle avec l'auteur, Juin 2010.

HATKOFF, I., HATKOFF, C., et KAHUMBU, P., *Owen & Mzee: The Language of Friendship*, Scholastic press, 2007 et communication personnelle avec l'auteur.

KENDRICK, K., DA COSTA, A. P., LEIGH, A. E., et al., « Sheep don't Forget a Face », *Nature* 414:165, novembre 2001.

KERBY, J., *The Pink Puppy: A True Story of a Mother's Love*, Wasteland press, 2008 et communication personnelle avec l'auteur.

KING, B., *Being With Animal*, Doubleday, 2010 et communication personnelle avec l'auteur.

LARON, K. et NETHERY, M., *Two Bobbies: A True Story of Hurricane Katrina, friendship, and Survival*, Walker & Co., 2008.

LINDEN, Eugene, *Les Lamentations du perroquet*, Fayard, 2002.

MAXWELL, L., «Weasel your way into my heart », The humane society of the United States (website), 2010, et communication personnelle avec l'auteur.

MORELL, Virginia et HOLLAND, J., « Animal Minds », *National Geographic*, 213:3, 2008.

Bibliographie

NICKLEN, P., *Polar Obsession* (National Geographic Society, 2009) et communication personnelle avec l'auteur.

PATTERSON, F., *Koko's Kitten*, The Gorilla Foundation, 1985.

There's a Rhino in My House (film), Animal Planet, 2009.

VESSELS, J., « Koko's Kitten », *National Geographic* 167:1, 1985.

Sites web

Animal Liberation Front (animalliberationfront.com)

Best Friends Animal Society (bestfriends.org)

Cute Overload (cuteoverload.com)

Interspecies Friends (interspeciesfriends.blogspot.com)

Mail Online (dailymail.co.uk)

Rat Behavior and Biology (ratbehavior.org)

Lectures complémentaires à propos des émotions et du comportement des animaux

BALCOMBE, J., *Second Nature*, Palgrave Macmillan, 2010.

BEKOFF, M., *Wild Justice: The Moral Lives of Animals*, University of Chicago Press, 2010.

DE WAAL, F., *The Age of Empathy*, Harmony Books, 2009.

GOODALL, J. and R. WRANGHAM, *In the Shadow of Man*, Harper Collins, 1971, and Mariner Books, 2010.

HATKOFF, A., *The Inner World of Farm Animals*, Stewart, Tabori & Chang, 2009.

HAUSER, M. D., *Wild Minds*, Henry Holt and Co., 2000.

MASSON, J.M. and S. McCARTHY, *When Elephants Weep*, Delacorte Press, 1995.

PAGE, G. *Inside the Animal Mind*, Doubleday, 1999.

Sources des illustrations

Photo credits: COVER: Front, CNImaging/ Photoshot; back from left to right, © Rohit Vyas, © Rex USA, © Rina Deych. INTERIOR: p. iii, CNImaging/Photoshot; p. iv. p. viii, © Twycross Zoo; p. vi top left, © Ron Cohn/Gorilla Foundation/koko.org; pp. vi-vii, © Helen J. Arnold; p. vii bottom right, p. xiv © Rex USA; p. xiii, Jennifer Hayes; p. 15, p. 16, p. 17, © Rex USA; p. 18, © dpa/Landov; p. 20, © EPA/ALEXANDER RUESCHE/Landov; p. 21, © Associated Press/Fritz Reiss; p. 22, p. 25, Lisa Mathiasen and Julia Di Sieno; p. 26, © Barb Davis, Best Friends Volunteer; p. 30, p. 33, © 2011 Zoological Society of San Diego; p. 34, p. 36, © Elizabeth Ann Sosbe; p. 38, p. 41, © ohanna Kerby; p. 42, © Jennifer Hayes p. 46, p. 49, © Barbara Smuts; p. 50, p. 53, Solentnews.co.uk; p. 54, p. 57, Melanie Stetson Freeman/© 2006 The Christian Science Monitor; p. 58, p. 60, p. 61, Laurie Maxwell/Jonathan Jenkins p. 62, Bob Pennell/Mail Tribune; p. 66, p. 69, p. 70, p. 71, © Ron Cohn/ Gorilla Foundation/koko org; p. 72. © Rhino & Lion Nature Reserve; p. 76, p. 78, p. 79. © Rina Devon; p. 80, p. 83, © Rohit Vyas; p. 84, Miller & Maclean; p. 88, BARCROFT/FAME; p. 91, p. 92, p. 93, noahs-ark.org; p. 94 THE NATION/AFP/Getty Images; p. 98, CNImaging/Photoshot; p. 102, p. 105, p. 106, Anne Young; p 108, p. 111, Bob Muth; p. 112, © Associated Press; p. 116, p. 119, Lion Country Safari; p. 120, p. 123 © Jeffery R. Werner/IncredibleFeatures.com; p. 124, p. 126, p. 127, ZooWorld, Panama City Beach FL; p. 128, p. 131, Dimas Ardian/Getty Images; pp. 132-133, © Associated Press/Achmad Ibrahim; p 134. p. 137, SWNS; p. 138, p. 141, © Rex USA; p. 142. p. 145, Dean Rutz/The Seattle Times; p. 146 p. 149, Goran Ehlme; p. 150, p. 153. pp. 154-155, © Helen J. Arnold; p. 156, p. 159, pp. 160-161 BARCROFT/FAME; p. 162, p. 165, Lauren E. Rhodes; p. 166, p. 169, Maggie Szpot; p. 170, p. 173 © Associated Press; p. 174, p. 177, p. 179, BARCROFT/ FAME; p. 180, p. 183, p. 185, BARCROFT/ FAME; p. 186, p. 189, © Omer Armoza; p. 190, p. 193, Deb and Terry Burns; p. 194, Norbert Rosing/ National Geographic Stock; p. 198, p. 201, Koichi. Kamoshida/Getty Images; p. 202, © Associated Press; p. 206, © Rhino & Lion Nature Reserve; p. 210, © Houston Zoo; p. 214, p. 215, © Twycross Zoo; p. 216, © Jennifer Hayes.

Remerciements

Ce livre marque l'aboutissement d'un projet collectif, vu qu'il ne pourrait exister de recueils d'anecdotes si personne n'en racontait. Des propriétaires d'animaux, des gardiens de zoo, des vétérinaires, des photographes, des biologistes et autres amis des bêtes, témoins d'interactions entre espèces et conscients d'assister à un moment unique, ont eu le désir de partager leur expérience. J'adresse mes plus sincères remerciements à ceux dont j'ai d'ailleurs souvent cité le nom ici, qui m'ont patiemment communiqué les images et les récits sans lesquels ce livre n'eût jamais vu le jour.

Je remercie Raquel Jaramillo, de Workman Publishing, de m'avoir confié ce projet, et l'équipe photo de sa patience.

Je tiens en outre à exprimer ici ma reconnaissance à ma famille, mes amis et mes collègues, et, parmi eux (la liste n'est pas exhaustive) à :

Lynne Warren, qui a fort aimablement repris mon premier jet un peu brouillon ;

Melanie Costello, qui m'a aidée à m'organiser et à garder confiance en moi ;

Penny Bernstein, dont j'ai apprécié l'infinité de bonnes idées et le soutien ;

Mari Parker et Chen Yiqing, à qui je sais gré de leurs traductions ;

Lorie Holland, qui a assuré ma publicité avec enthousiasme ;

Mon mari, John, qui a toléré mes sautes d'humeur et ma manie de me relire à voix haute ;

Ma nièce et mes neveux, qui m'ont donné les meilleures raisons au monde de raconter ces histoires ;

Ma mère que j'adore, qui m'a transmis son amour des animaux.

Achevé d'imprimer en octobre 2012
par Graficas Estellas - Espagne.
N° d'éditeur : 01. Dépôt légal : octobre 2012.